U0960708

SAMSUNG

王者无畏

三星总裁李健熙和他的商业帝国

青云◎著

中国财政经济出版社

图书在版编目（CIP）数据

王者无畏：三星总裁李健熙和他的商业帝国 / 青云著. — 北京：中国财政经济出版社，2014.10

ISBN 978－7－5095－5655－9

Ⅰ. ①王… Ⅱ. ①青… Ⅲ. ①李健熙－生平事迹②电子工业－工业企业管理－经验－韩国 Ⅳ. ①K833.126.538②F431.266.6

中国版本图书馆 CIP 数据核字（2014）第 210379 号

责任编辑：潘　飞　　　　责任印制：刘春年
责任校对：甄　飞　　　　版式设计：丁丁图文

中国财政经济出版社出版
URL：http://www.cfeph.cn
E-mail：cfeph@cfeph.cn
（版权所有　翻印必究）
社址：北京市海淀区阜成路甲 28 号　邮政编码：100142
营销中心电话：010－88190406　北京财经书店电话：010－64033436
北京中兴印刷有限公司印刷　各地新华书店经销
787×1092 毫米　16 开　15.5 印张　176 000 字
2014 年 10 月第 1 版　2014 年 10 月北京第 1 次印刷
定价：42.00 元
ISBN 978－7－5095－5655－9/K·0027
（图书出现印装问题，本社负责调换）
本社质量投诉电话：010－88190744
反盗版举报热线：88190492　88190446

前 言

P R E F A C E

血性三星何以敢反咬“苹果”一口?

三国时期,“赤壁之战”充分展示出诸葛亮的“智绝”——舌战群儒,智激孙权和周瑜,草船借箭,定计火攻,七星坛祭风,智算华容。相比之下,宏才伟略的周瑜却成了诸葛亮的陪衬,最终在遭遇蒋干中计、苦肉计被诸葛亮一一识破并在计夺荆州中又三次中计,以致气绝身亡。不甘心失意的周瑜在临终前只能仰天长叹:“既生瑜,何生亮!”

此后,这一词语便成了熟典,被广泛用来形容某一竞争领域里遭遇强大对手的无奈。比如,羽毛球界的林丹和李宗伟,乒乓球界的邓亚萍和乔红,前者以强悍的超人天赋和优异的非凡表现压制后者多年,令其久久不能翻身,只好沦为“千年老二”。

在电子产品领域,三星和苹果之间就形成了这样的残酷竞争关系。在李健熙的带领下,三星表现出韩国式的血性和果敢,竟然敢于向曾经的合作伙伴苹果公司叫板,企图从对手那里分得一杯羹。狠狠地咬了“苹果”一口之后,李健熙和三星彻底激怒了乔布斯、库克。伟大对手的存在只会逼迫自己尽快成长，对于三星和苹果来说，同样如此。二者都是业界中响当当的伟大企业，正是因为对方的存在，互为坐标和参照物，才能反衬出彼此的伟大。

2014 年 7 月，三星新款平板电脑的电视广告词是这样写的："敢不敢让你的平板电脑和 TAB S 一较高下。"言辞中分明具有了刀光剑影的挑衅意味，明眼人一看便知其矛头指向为亦敌亦友的苹果公司。2011 年 3 月，在 iPad 2 发布会现场，拖着病躯的乔布斯就曾对三星冷嘲热讽，公开揶揄三星是"盲目跟风者"。在一个名为"2011，山寨年"的幻灯片中，三星被摆在最中间的位置，言下之意十分明显。

可以这么说，曾经作为合作伙伴的三星，在为苹果提供了多年的关键核心零件的同时，一直不曾忘记蛰伏，蓄势待发，并伺机反攻。尽管诺基亚、摩托罗拉是多年的老大，苹果手机也开创了智能手机的先河，但三星依靠田径长跑比赛中的贴身跟随战术，硬是将对手一一地甩在了身后。作为一家业务庞杂的公司，三星每进入一个新领域，都比竞争对手晚：家电业务比松下晚了 51 年，半导体业务比英特尔晚了 10 年，手机业务比诺基亚、摩托罗拉等也晚了不少年，但都后来居上，并表现出强劲的发展势头，靠的就是那种誓做第一的血性。并且，在与苹果的纠缠中，三星并不是一味盲目地跟随，它利用自己的灵活度，避开与苹果的正面冲突，抓住苹果的产品空白期，为自己的产品赢得机会。比如 iPhone 4S 与 iPhone 4 的发布时间间隔长达 16 个月，三星就利用这段间隙，推出了 GALAXY S 和 GALAXY SⅡ，充分填补了市场空隙。除此之外，三星的差异化战略大获成功，比如苹果推出 iPhone 4 后，三星启动"大屏战略"——上市的 GALAXY SⅡ、Nexus、GALAXY Note 的尺寸从 4.3 英寸到 5.3 英寸不等，得到了市场的认可，GALAXY 系列手机也获得了与苹果完全不同的拥趸。

三星表面上跟其他日韩企业一样谦恭，但骨子里却透露出倔强，能将每一件事很好地贯彻下去。在消费电子领域，三星首先学习的是索尼；物流管理方面学的是玫琳凯；库存管理的学习对象是联邦快递。——这种攻击意味十足的血性，或许与“大韩民族”的民族性格有关，但毋庸置疑，这种精气神也几乎成为整个三星的企业文化。作为韩国著名的家族企业，三星的成功自然与李健熙这样一个充满斗志、永不服输、善于学习和改革的领头羊密不可分。在诸强环伺的商场上，如同马拉松赛跑，采取尾随跟跑战术，需要的是极大的韧性和耐心，因为只有你瞅准机会，才能在对手晃神的时候一举超越他。当然，这种不服输的血性源自秉持“要做就做第一，不然就退出”的三星开创者李秉喆，并在李健熙多年的坚守之下，很有可能在三星未来的继承人、李健熙之子李在镕那里继续发扬光大。当这种渴求伟大的精神成为一种习惯，三星怎么不会成长为一个让对手惧怕和敬仰的伟大企业？

无论是竞技场还是商场，强大的对手都是一面镜子，从中可以洞窥自己的短处。正是与苹果惨烈的良性竞争，才让三星保有前进的强劲动力，并不断完善自己。1993 年，出任 CEO 刚 5 年的李健熙就提出了超越国界，着眼于人类社会的伟大梦想：“以人才与技术为基础，创造出更好的产品，用最好的服务为人类社会做出贡献。”当一般企业满足于攫取蝇头小利，可三星超国界的大同梦想，怎不引起同行和对手的尊重？一个心气儿十足的企业，一定必须要有一个胸怀大志的领导人。

一个人的优秀是可以追根溯源的，去寻找基因的。当李健熙青年时在日本早稻田大学留学时，他就立下过“资源匮乏的我国要想在发达国家的夹缝里竞争生存的话，就只有动脑子去研究一流的国家，向一流的国家学习，因此就得用心地去适应日本一切先进的东西”的理想。带着这样的崇高理想，他才会不厌其烦地研究日本的电子产品，从中学习所长，才会让他在几十年的职业生涯里不断地让自己保持优秀，并带领三星历经多次革新，杀将出一条血路来，气势如虹。

当你捧读此书，便可了解李健熙的个人成长史，知道为什么李健熙带领的三星会从商业巨头苹果公司那里“反咬”一口。一个能说出“除了妻子和孩子，什么都要变”的人你会小看他变革的决心吗？一个能将15万部手机砸碎销毁的人，你会看不到他对产品质量的痴爱吗？一个能秘密准备巨额资金为三星求得便利之路的人，你会忽视这种人为集团可以抛弃一切的精神吗？

就是这样强大的人，贡献给韩国整个国家1/5的GDP；就是这样强大的人，为自己的错误可以向社会捐款20亿韩元；就是这样强大的人，看着要被丑闻带入万劫不复深渊时却又得到总统的赦免。很多貌似不可能发生的事情，都在李健熙一个人身上发生了。

当然，家族企业也存在如世袭制的暗箱操作、遗产继承带来的亲情割裂、与政治过于接近等诸多问题，我们也力求揭开以上这些“暗幕”，呈现出一个活生生的、有血有肉、优点和缺点同样突出的“真人”李健熙，而不是一个高大上的、符号化的、被粉饰的“完人”李健熙。

当三星和苹果深陷专利之争时，2014年9月，苹果公司推出新一代的大屏幕手机，多少会让人笑话抄袭了三星的创意。这也不免让人展开想象，当对手再次紧逼，李健熙和他的凶猛三星这次又将会祭出怎样的招数来回应对手，并让全世界为之一惊呢？

我们拭目以待！

目录

CONTENTS

Chapter 3
再造三星 | 除了妻子和孩子，一切都要变

Chapter 4
引咎辞职 | 为错误决策承担责任的 CEO

Chapter 5
重出江湖 | 没有悬念的特赦

Chapter 6
家族悲剧 | 李氏家族的遗产之争

Chapter 7
争议人生 | 成也集权，败也集权

Chapter 1

霸道君王

他一开口，没人敢说不

SAMSUNG

在韩国，李健熙拥有着特殊的荣誉，他被韩国人称为“经济总统”，而美国《新闻周刊》则说他是韩国的“幕后帝王”。平常的李健熙沉默寡言，也不喜欢过多地曝光在闪光灯下。但是，只要“他一开口”，就“没人敢说不”。这种君临天下的威严，“顺我者昌，逆我者亡”的霸气，连韩国政府官员都避让三分。

只要李健熙一咳嗽，整个韩国就感冒

在韩国，有这样一个说法广为流传，韩国人一生无法避免三件事：死亡、税收和三星。三星在韩国被誉为“知名度最高的企业”，已经成为韩国的标杆企业，被视为韩国的民族骄傲。这个国际知名企业成立最初却被认为是生产“廉价”产品的小作坊，如今却神话般成长起来，深刻地渗透进韩国人的每一个细胞中，而其背后的领军人——李健熙，在韩国则如神一般地被人歌颂和崇拜。

美国路透社一位记者曾这样形容李健熙在韩国的独特地位：公众场合罕见他的身影，他说话也轻声细语，但只要李健熙一咳嗽，整个韩国就感冒。

无人匹敌的魅力

作为三星庞大商业帝国的统领者，李健熙行事却极为低调、隐秘，性格也较为寡淡、沉默，甚至在韩国商界，他得到了一个“木鸡”的绰号。

也正因为如此，他偶尔出现时的所言所行才对韩国产生了更加深刻且广泛的影响。韩国延世大学社会学教授金玄民（音）说："李健熙据说是韩国企业家的标志……他的名望与其回避社交的行为不相符，令公众对他的衣、食、行更为好奇。"

2007 年，李健熙作为国际奥林匹克委员会委员之一，参加韩国申办 2014 年冬奥会的公关活动时，为了御寒戴着"暖耳宝"的照片公开之后，在网上迅速走红，甚至还登上了韩国著名搜索引擎"NAVER 新闻"的头条，并且保留了至少 3 个小时。就像是免费为其做了"活广告"，李健熙所戴的那款"暖耳宝"也很快就销售一空。

在中国，我们很难想象某一知名的服装、汽车、食物在宣传的时候刻意回避自己的品牌名称，而将其冠以某个名人的名字，最多也就是说这是某某穿过、用过、吃过的。但是，在韩国，意大利一家名牌西装开设韩国分店时，直接将其产品称为"李健熙西装"，而李健熙所开的高级德国产轿车迈巴赫（Maybach）也因为冠以"李健熙车"的绰号而在韩国销量剧增。

如果故事到此为止，那么，就枉费了路透社对李健熙在韩国地位的高度评价了。因为即使以上所说均属实，你或许也会觉得，没什么啊，不过就是名人效应嘛！没错！但是，接下来，我们要讲的恐怕就不是一般名人能够完成的事了。

在中国，现在很多城市都习惯了"一周双休"及"朝九晚五"的生活方式。实际上，为了打破传统，中国政府费了很大力气和心血才使得这一制度得以执行并让民众习以为常，不可或缺。但是，在韩国，人们习惯的却是"朝七晚四"的生活方式，最重要的是，这一生活作息规律的养成并不是韩国政府的功劳，而是源于李健熙。

李健熙执掌三星集团之后，立志要带领三星进行“第二次创业”，在三星推行了一系列的新制度，其中就包括著名的“7－4制”。所谓“7－4制”就是实行每天早上7点钟上班，下午4点钟下班的新工作制。虽然这一制度仅限于三星集团内部，但是，整个韩国的日常作息时间安排均以此为标准发生了改变。在2003年，李健熙又在韩国率先推行了每周5天的工作制。这一制度后来也渐渐成为韩国人新的生活习惯。

李健熙在韩国的这种影响力，没有任何一个国家及地区的首富能及，像印度尼西亚的林绍良，中国香港的李嘉诚，中国台湾的王永庆，甚至是曾经享誉世界的美国的比尔·盖茨和洛克菲勒都只能甘居其后。所以我们说，李健熙之所以在韩国的地位如此特殊，影响力如此巨大，并不是因为他有多少钱，而是他背后站着的是三星集团以及他带来的具有非凡意义的诸多管理新策！

背后的三星巨人

李健熙咳嗽之后，让韩国感冒的不是李健熙本人，而是三星！

韩国人说：“三星卖紫菜饭团也会畅销。”一句简单的戏言道出了韩国人对三星的依赖和信任。即使是在中国，在电子行业，我们提到三星的时候也会充满期待，因为这个品牌代表了高档、时尚和品位。甚至在2012年，正值苹果手机全球势头最劲，尤其在中国市场火爆异常之时，三星手机却异军突起，一举成为全球出货量第一的手机品牌。这就是三星的魅力与能力！

三星集团与现代、大宇、LG并称韩国四大“航母”企业，是韩国历史上最古老、规模最大的家族财团之一。其中，三星电子是三星集团最大也是最著名的公司，每天的出口额相当于整个韩国出口总额的20%。除此之外，三星集团的主要业务还涉及造船、精密化学、石油、保险、风险投资、酒店、物业、福利院等众多领域……似乎除了农业之外，大部分行当三星集团都有涉及。

在现代都市生活中，面对这样一个涵盖你生活中方方面面的集团公司，无论你多么厌恶、嫌弃，似乎都没办法摆脱对它的依赖。更何况，三星产品拥有让人无法拒绝的高品质。这也就注定“三星”像血液一样流动在每个韩国人的身体中。

网上曾经有人这样调侃韩国人的“三星生活”：降生于三星医院，就读于三星大学，使用三星的电子产品，在三星酒店举行婚礼，最后老死在三星医院……更有韩国网友这样具体描述自己的生活：使用三星信用卡，住在三星公寓，使用三星手机，到三星百货购物，买三星人寿保险等。

显然，三星已经成为韩国人生活中不可缺少的一部分。也正因为如此，韩国也被外界戏称为“三星共和国”。而三星也的确没有辜负韩国人的重托，让祖国人民失望：据统计，三星有近20种产品在全球市场的占有率排第一，居全球企业之首。

如果你走出中国，在别的国家看到大家都在用自己祖国的某个品牌的产品，并对它赞不绝口，你将会多么的自豪？是的，这就是韩国人对三星的情感。尤其是生活在别国的韩国人，三星更是极大增强了他们的民族自豪感和自信心。

韩国人民对三星的这种强烈的情感不仅使他们对三星产品倍加推崇，甚至使原本很讲原则、义气的韩国人愿意容忍甚至是原谅三星犯下的一些错误，因为他们打心里不愿意接受来自三星的“丑闻”。

2010 年，三星前首席法律顾问金永哲出了一本书，名为《思考三星》。这位金先生不知是为名还是为利，竟然出卖了自己的老东家三星集团，披露了三星会长李健熙如何窃取三星子公司的 100 亿美元，之后又是如何销毁证据的。更为劲爆的是，作为三星黑幕中的一个重要操作员，他详细描述了三星会长李健熙如何通过贿赂韩国政府官员以确保其在三星权力的世袭等内幕。这本书一经出版就在韩国引起了轩然大波，金先生可谓是名利双收，可怜的三星和李健熙立刻陷入舆论的泥淖。

韩国民众对书中的爆料形成了两种截然不同的态度：绝对支持三星和绝对唾弃三星！尽管如此，韩国大部分的民众和主流媒体依然是绝对支持三星的一方，他们认为这些报道只是为了宣传金永哲的新书，并不可信，并且强烈谴责金永哲对老东家的背叛行为，甚至说他是“吃不到葡萄说葡萄酸”，因为和三星存在不可调和的恩怨而不惜污蔑三星。

可怜的金永哲，靠背叛收获的“名”也只是“臭名”而已，他低估了三星和李健熙在韩国的地位和影响力。对于韩国民众来说，三星就代表了韩国，对三星文化的攻击几乎就可以被认为是对韩国的攻击。即使你说的全是实话，并且正中靶心，你也依然会被定性为诈骗犯！因为，没有人相信你说的是实话！

当李健熙因为行贿丑闻而被迫辞职的时候，韩国媒体 CBS 对 700 名民众进行的调查结果显示，44.7% 受访者对李健熙的辞职给予了正面评价。网络上对三星表达支持的声音也不绝于耳。

在中国做生意的一个韩国商人说：“每次在国外看到三星标志，都会感到很自豪。我认为，韩国民众不希望三星因这次事件受到太大的打击，希望它能够继续发展成代表韩国的国际级企业。”

一名 29 岁的韩国孙姓研究生甚至说：“虽然许多人认为，检察厅调查结果遮遮掩掩，让人非常失望。但如果韩国没有三星，韩国会不会黯然失色？因为有三星这样的一个品牌代表韩国，让许多国家对韩国才有了更深刻的印象。我觉得，韩国媒体不要再报道三星的负面新闻，现在应该是一起为三星打气的时候了！”

瞧！这就是真相。韩国人为了避免因为李健熙或者说三星的咳嗽而感冒，请求媒体不要再向三星吹“阴风”！在中国，乃至全球，有哪个企业家，或者企业能够得到这样的爱戴和尊重呢？

被遮蔽的韩国政府

名人的光环，无比美丽的同时亦沉重得可怕。世界上的多少政客企业家深陷丑闻泥潭再也走不出来。人们似乎无法原谅名人身上的瑕疵，锱铢必较得相当厉害。名人们的那些所谓的丑闻成了老百姓茶余饭后的谈资。可是，李健熙偏偏受到了优待。什么丑闻不丑闻，不管事实如何，李健熙依然是李健熙，依然是韩国民众心目中的英雄。他对韩国民众产生的影响力，只怕连韩国政府都会嫉妒。

没有三星就没有韩国

2012 年，李健熙就家族争夺财产问题向韩国民众致歉，声明今后将致力于让家庭保持和睦。

不知道李健熙的人会疑问，他是谁？他为什么会因为小小的家庭问题需要向韩国全体民众道歉？他在韩国有什么样的重要地位？知道的人会告诉你，他是三星帝国的王。也正因为他是李健熙，是韩国人民追捧的偶像，是民众心中头顶巨大光环的英雄，他才要向所有民众道歉。

我们心中总会有某位偶像的存在，从他身上我们能获得力量、温暖、财富。

在韩国，李健熙就是国民的偶像。他不仅是他自己，不仅仅是三星集团，更多的，在他的身上承载着韩国民众的希望。他的言行举止、荣辱成败都会对韩国人产生意义深远的影响，而这种影响是那些稍纵即逝的青春偶像所望尘莫及的。

韩国街头巷尾的老百姓们常说："不管你愿不愿意承认，如果没有三星，韩国的经济将无从谈起。"这后面要再加上一句话："如果没有李健熙，现在的三星将无从谈起！"在老百姓的眼中，他执掌的三星集团将直接影响着韩国经济的发展。因为早在2010年，李健熙领导的三星集团就给韩国经济贡献了20%的GDP。面对这个数字，人们会惊叹，一家企业就可以贡献给整个国家那么多的财富，这太难以想象了！不用难以想象，李健熙就做到了。没有他，三星的现在无法想象；没有三星，韩国的未来将无法想象。

三星集团的发展让世人觉得不可思议，李健熙的个人才能让人觉得不可思议，他在韩国人心中无人企及的地位更加让人觉得不可思议。在韩国人看来，他就是普罗米修斯，是他让人民过上幸福生活，让国家富足安康。

当外国人问起李健熙是谁，韩国人在露出不可思议的表情的同时会满脸自豪地大声告诉那些不知道的人："他是使我们祖国屹立于世界民族之林的人！"

一个国家的独立与发展，腾飞与飞跃，全民团结，昂首向前，离不开的是政府的功劳。然而，在务实的韩国人眼中事实并不一定如此。政府对普通的老百姓来说，站得太高太远了。他们心中或许更愿意承认的是能带给他们最直接最稳妥保障的民族企业家，比如，三星背后顶着光环的巨人——李健熙。

韩国政府致力于管理国家，使得韩国经济蒸蒸日上，一度成为令全世界瞩目和称道的“亚洲四小龙”。在欧洲大国看来，它依然是亚洲一个发展稍快的小国。李健熙致力于三星集团的发展，使三星电子产业在全球电子产业中拔得头筹，这在外国人眼中可不再那么平常了，他们惊呼：这哪里会是亚洲的一个小国家的企业所能做到的事情？

政府使国家富强，这是应尽的职责；一个民族企业家为这个国家在世界上争得了一席之地，这也是他应尽的职责！李健熙带领三星走出亚洲来到世界大战场与苹果等巨无霸企业争霸天下，韩国人会不因为李健熙而感到自豪与骄傲？这也难怪李健熙会享受来自韩国民众那么多的夸耀和赞叹了。

他是影子总统

有人曾经问过李健熙，像他这样既有钱又在韩国声望远播的人，为什么不竞选总统？李健熙坦言说自身的性格不适合。

不管这一问一答是否属实，在资本主义国家中，参与总统的竞选分明就是那些腰缠万贯的富豪们的权力角逐游戏。众所周知，资本主义奉行金钱政治——金钱就是政治的母乳，就是政治力量的来源。就这一条件来说，李健熙可是完全符合。如果他愿意，他背后的三星集团就能提供坚实的金钱支持；如果他愿意，他背后的千万韩国民众就是他的忠实拥趸。

韩国政府在对这一大企业为大韩民国做出的巨大贡献感到欢欣的同时，也对李健熙和他的三星王国的影响力表示担忧。毕竟，当李健熙同韩国总统同时出现在镁光灯下的时候，李健熙似乎会更受民众的欢迎。

从某种意义上说，韩国政府的光芒被李健熙和他的三星集团遮盖了一两点。

但也确如李健熙所说，性格的低调，平日里的深居简出，让他在气质上并不那么适合做总统。在商界获得成功的人不一定在政坛上就吃得开。正如常言道，一个好的学者并不一定就是一位好老师。

尤其是对于李健熙本人来说，他已经不需要做韩国总统了。

因为，他就是"富豪中的总统"。

韩国的《朝鲜日报》曾报道说，在韩国以持有股份为标准计算，家庭财产超过 1 千亿韩元的富豪有 61 人。其中，三星集团会长李健熙以 4 万亿韩元的资产位居富豪首位。

李健熙拥有的不仅仅是钱，他还拥有那么大的三星集团在背后为他供应着源源不断的财富，并将他推送到韩国众多企业的顶峰位置，成为令众富豪们羡慕的对象。

2014 年 5 月，李健熙因为呼吸困难被送往医院。这样一位强者在死亡面前也同韩国千万普通的民众一样表现出脆弱的一面。韩国人民在这一消息面前也显得脆弱不堪。他们无法想象没有了李健熙的三星集团能否走得顺畅，没有了"经济总统"的韩国是否会和现在一样富足？

人们已经习惯生活在充斥着“李健熙”各种符号的韩国，对他早已产生了依赖。他们像依赖政府一样依赖着他，像信任总统一样信任着他，他的影响力早已扩散到韩国的各个角落，凝固成韩国的一部分。在韩国人民眼中，他俨然已是“总统”。

权威帝国的构建

掌管着庞大三星集团的李健熙不需要再费力气当总统，这是因为，在他自己所建构的三星帝国中，所有的员工都像臣服君王一样臣服在他的威严之下。作为偌大三星集团的领航者和商业帝国的主宰，李健熙的权威是毋庸置疑的。他的权威震慑着三星上上下下的员工。然而，李健熙的这个权威帝国并不是在他登上三星会长的宝座的那一刻就虚位以待的。

权威的树立

熟悉三星集团的人都知道，除了人们所熟知的三星电子之外，它还有机械、化工、金融、保险等领域大大小小的子公司。规模庞大的三星集团就是一个无所不包、架构齐全的商业帝国。

带领三星披荆斩棘二十多年的李健熙在集团内部树立了绝对的威望，可这个帝国并不好管理。悉数这二十多年的风雨，李健熙权威帝国的建立并不那么顺风顺水。

1987 年，李健熙从父亲李秉喆手中接下三星集团。可创业容易守业难，权力交接之初，人们并无多大把握去预测“二世子”的李健熙能否延续李秉喆在商业上的才能，继续带领三星集团走向辉煌。

初掌三星的李健熙并没有觉得太兴奋，山一样的压力袭来。三星集团在父亲的手中有了很大的发展。三星在父亲的管理下持续了那么多年，员工们都已习惯了父亲的一套管理方式。在到处充斥着前任会长权威力量暗影的三星集团，李健熙该如何树立自己的权威？这是他一踏上宝座就要思考的。

承袭李秉喆商业管理才能的李健熙在执掌三星的第一年里先按部就班地管理三星，使得三星集团在规模、业务方面都扩大了不少。

1988 年，三星举办“成立 50 周年”庆典。在庆典仪式上，李健熙一改平日里“隐士会长”式的低调，意外地出现在公众媒体之前。他的这次现身让人疑惑的同时又让业界觉得很巧妙。没错，这是李健熙一次别有用心的出场，他是在艺术地向世人展示自己掌管三星的技巧！

然而，庞大的三星集团在几十年来的发展中遗留了很大的积弊。作为刚上任的新领导，李健熙为了让三星获得更长足的发展，以此在集团树立起自己的新权威，满心抱负的他宣布进行“二次创业”。然而，这次改革并没有朝着预期的方向发展，三星集团的种种历史问题依然顽固地存在着。从小性格执拗不轻易服输的他对三星的改革并没有就此放弃。1993 年，李健熙又推行了“新经营”运动。这次不再是小打小闹了。三星员工对这样一反三星往日传统的大调整产生质疑的时候，李健熙说出了那句至今都在三星集团和整个韩国商业圈津津乐道的话：“除了老婆孩子，一切都要变！”李健熙这把火烧得很旺，旺到在亚洲金融危机过后众多企业头疼如何东山再起的时候，三星集团却获得了 3017 万亿韩元纯收入的骄人业绩。李健熙在这次改革中大获全胜，使自己在整个集团赢得了喝彩声，他的权威地位也开始真正地在整个三星集团中确立下来。

之后，李健熙又通过多次革新，使三星集团发展壮大，成为韩国最大的企业，在世界上受到其他国家的关注，他自己也因此登上了韩国首富的宝座，受到整个韩国民众的追捧和欣赏。

集权制的管理

1995 年，在一架正在高空飞行的飞机上，一位老人陷入了沉思。几分钟过后，机舱里响起他低沉但却有力的声音："15 万部手机全部召回，所有成本由我们承担，以后决不能再生产这种产品！"这位愤怒的老人就是李健熙。

一个大企业的领导者若想管理好这个企业，必要的管理手段和做事时的魄力是必不可少的，而李健熙从来不缺乏这些品质。

三星集团是家族企业，为了实现更好的管理，早在李秉喆时代，集团内部就采取集权制的管理方法。李健熙是位比他父亲更有野心的企业家——他拥有集团最强大的权力，只要他决定了的事情，没人敢反抗。

为了把三星打造成世界一流的企业，他在集团内部采取了更为集权制的管理。

三星半导体业务单元会长李润雨说："三星之所以在低迷时还能大举投资，就是因为财阀的集权制。"集权制的管理，让李健熙更好地掌控了三星集团。遇到问题，他只要听取高管们反馈过来的信息就能够以最快的速度做出最有利于集团的决策。

三星集团的电子价值创新中心三星员工工作的地方，也就是顶层的每个房间里却摆放着两张床。这是让员工研究累了方便休息的吗？是的，就是让员工休息的地方！可是，这种休息却是一种被迫的行为。研发人员每天没日没夜地开展三星电子的研究工作，这些床就是为这些没有完成工作的人员提供的。因为，他们只有研究出来产品才能回家。

相比较这些来说，李健熙的“一票否决制”似乎更加残酷。只要有人对产品的一个小方面不满意，员工所有的努力都将白费。当然，这个人大多是身居要职的高层。三星前副董事长因为不满意 Galaxy S 智能手机外壳的设计，最后 50 万个手机外壳被弃置不用。

三星集团在管理上的不近人情让人难以理解和接受。

关于这种管理方法，有人表示赞同的同时，也有很多人觉得“变态”。可是，高度集权的三星并没有失败，大权在握的李健熙依然取得了成功，受到了人们的尊重。

振臂一呼，应者云集

在媒体拍摄的有关李健熙的照片中，他极少会有很夸张的表情。大多数的时候，他都紧闭双唇，表情显得有些平淡。

整个三星的人都知道，他们的会长为人沉稳，行事低调，员工很少能在总部大楼里见到他的身影。在公司的会议上，只要李健熙参加，他都是静静地坐在会长的位置上，很少会像别的领导那样，滔滔不绝、长篇大论。但是，他只要一开口总会引发高层骚动。因为身处高位，铁腕的管理风格，让本来话就不多的李健熙身上更加散发出一种威严。

在他集权制的管理之下，三星员工早已经习惯了对这位王者的绝对效忠。

2004 年，金融监督员奉命调查三星集团旗下的三星生命。正在检查的过程中，一位三星员工偷偷删掉了三星生命 6 万多份文件，这位员工甘愿冒着违法的风险也要这样做，为的就是保护三星生命。次年，公平交易委员会对三星道达尔公司进行调查。道达尔的员工和三星生命的员工做法一样。他突然抢走公司材料逃跑，执法人员只能惊异地看着这一幕的发生。后来，材料被销毁，三星道达尔安然渡过。

三星集团的员工就是这般绝对地效忠他们的公司，效忠李健熙。这种效忠抛开了所谓的原则与正误，忠诚得让人难以理解。而作为一个享誉世界的大集团公司，竟然还对这种行为表示了赞赏。

2010 年，中国广州举办亚运会，李健熙受邀出席。在中国的三星员工为了接待李健熙特地成立了“会长接待小组”。小组的工作不是带领会长考察业务，而是要研究李健熙爱吃什么，爱玩什么。为此，他们试了广州数百家餐厅，看看哪种口味会比较合会长的意。同时，为了让李健熙在酒店住得舒服，竟然还对酒店进行再装修！韩国的李健熙会长是要在中国定居了吗？既然不是，为什么要做这些？这俨然不是要住酒店的架势，而是要在广州建一座李健熙私宅！所谓的“接待小组”的工作在其他人眼中看起来是何其无聊可笑！接待会长，让他吃住得舒服开心好像大过了任何一件事情。乾隆皇帝下江南也不过如此吧！然而，这位“皇帝”并没有接受三星臣民给他的优厚待遇，除了入住了酒店，并没有享用那些试过的美味佳肴。

在三星集团成立六十周年纪念日的时候，李健熙只给三星留下一句话："为了公司，生命、财产，甚至名誉都可以抛弃。"李健熙短短的一句话就让整个三星集团从亚洲金融危机的阴霾中看到了希望，瞬间便注满了力量。

这样的话语，李健熙还说了很多。在整个集团看来，平常话不多的会长每一句话都充满分量，掷地有声。他的话就像古代封建帝王颁布的圣旨，说出来，绝不允许有人反对。

君临天下

三星集团曾被美国《华盛顿邮报》称作“三星共和国”。不用说，这个庞大帝国的主人就是具有绝对权威地位的李健熙。

他从父亲手中接下三星集团，二十七年来的兢兢业业让他一手打造了韩国的商业帝国。在这帝国中，他拥有至高无上的权力，在“共和国”的顶端以君临天下的绝对霸气傲视群雄。

帝王之气初显

1987 年同过去的每一年都一样。然而，这一年无论对韩国，对三星，还是对李健熙本人来说，却是极不平常的开始。

在这一年里，李健熙正式从父亲手中接管下三星集团，成为三星的会长。三星集团经过数十年没有硝烟的继位争夺战，李健熙笑到了最后。三星的王权毫无悬疑地落在最具有领导者风范的李健熙的头上。经过父亲李秉喆十几年的考察与培养，大权在握的李健熙已经成熟。此时的他，终于不用笼罩在父亲的光芒下，处处受到父亲的限制。他可以毫无顾虑地规划自己的商业帝国，实现自己蓄积已久的巨大野心。

成为会长的李健熙对三星进行了一系列的变革。二次创业、集团换血、新经营政策等的实施，使得集团迅速地发展。李健熙也相继在美国、欧洲、中国、日本、东南亚等国家和地区成立了三星集团的分公司。他所构建的三星帝国渐渐成型，势力范围扩大到了欧美大国的领土上。

为了实现自己的帝国梦想，李健熙时刻都在为三星集团努力。

员工的渐渐臣服，业界的渐渐认可都在新世纪纷至沓来，李健熙时代也真正开始了。

在新时代中，李健熙继续坚持自己革新的思想，在业务结构、经营理念、公司文化上对三星进行全面变革，使得三星获得了多个世界第一，连续四年成为“十大美国专利户”，与商业巨头苹果公司形成对垒，并引领了全球数字化的革命。

在销售业绩上，三星集团更是高速度地增长着。2010 年三星集团的销售业绩达到 154. 6 万亿韩元，2011 年达到 165 万亿韩元，2012 年突破 200 万亿韩元，2013 年更是达到了 302. 9 万亿韩元，纯利润为 29. 5 万亿韩元，创了历史新高。

媒体的报道也全面地为我们展现了这样一个不争的事实：三星富可敌国，三星是唯一可以挑战苹果的公司，三星是全产业链中的庞大帝国，三星是一个商业传奇。

至此，李健熙构建的商业帝国初具规模了。三星成了商业传奇，他在世人的眼中也成了一个传奇人物，三星与李健熙创造了神话。

李健熙在韩国

作为韩国商业圈影响力最大的人物，有人会问："李健熙到底有多少钱?"

在这里，我们不细数李健熙的财富，因为他实在太有钱。我们只从他创立的三星帝国去看。

三星集团是韩国的第一大企业，是世界上有名的大型跨国公司。它的下属公司和法人机构有80多个，在世界上近70个地区建立了分公司，涉及的产业有电子、金融、化学、机械、酒店、建筑、服装、游乐园、军事武器研制、日化等，全球员工的总数达到30多万人。此外，三星集团的三星电子是亚洲最大的芯片制造厂和世界最大的手机制造厂。三星集团还有着极为庞大的产业网，这个网伸展到韩国经济的各个领域，给韩国的经济带来了极大的利润。看到这些业绩，你有没有思维停顿，脑袋中只有无数个惊异的感叹词蹦出来?

那作为这个庞大集团的独裁者，你说他个人会拥有多少财富?

在韩国，财阀引领着整个经济，决定着整个韩国经济的发展。而三星集团是韩国最古老最大的财阀之一。

作为最大财阀的领导者，有人说，李健熙绑架了韩国的经济。毫不夸张地说，他名下的三星集团简直控制了韩国的经济命脉。如果李健熙不再领导三星，三星集团能否获得现今的成绩真不好下定论。而如果三星集团垮掉，韩国经济就会陷入瘫痪。不说三星集团每年给韩国政府贡献5%的GDP，就拿庞大的产业链有可能断裂的风险来说，这对韩国经济都是致命的。

他对韩国如此重要，这也难怪政府对他的丑闻事件都要“网开一面”了。

李健熙在世界

2013年9月9日，香港发布“亚洲品牌500强”名单。在该名单上，三星集团再一次以榜首的成绩吸引了全世界的目光。

三星集团旗下的三星电子是当今世界消费电子领域最伟大的公司之一。三星电子在液晶显示面板、存储芯片等领域所占的市场份额居全球榜首。不仅是这些，三星电子还掌握了智能手机芯片、内存、屏幕等关键零部件的定价权。牢牢把控电子产品关键零件定价权对一个公司来说意味着什么？意味着领先的技术，傲人的优势！三星电子在全球的电子产业的重要地位，着实让一直处于霸主地位的苹果遇到了对手。虽然这位老霸主还是有着绝对的优势，但这位王者还要受制于三星产业链的独特优势：三星电子为苹果提供总价约40%的核心零部件：屏幕、存储芯片、处理器甚至是电池。这些零部件每年涉及的资金都要超过70亿美元。

这一系列的材料都在表明一个事实：三星集团在全球的经济产业链中有着不容忽视的地位。欧美国家在惊叹曾经的“低质量、低价位、仿制品”的二三流企业发展如此迅猛的同时，也不得不对他幕后的“三星帝王”表示由衷的赞叹。

2005年，李健熙被美国《时代》杂志评为“影响世界的100大风云人物之一”。

李健熙成功了，打拼江山二十多年来，终于使得自己一手创建的“三星共和国”赢得了全世界的肯定，在世界产业中拥有属于自己的领地，并且，这领地并不小。

任何事情都存在很大的不确定性。我们不敢说三星集团在十年、二十年之后会保持怎样的发展态势，至少在现在，李健熙的地位无可撼动。

韩国最受尊敬的企业家

在英国《金融时报》2003 年 1 月 19 日公布的“2003 年世界上最受尊敬的 50 家企业”评选结果中，三星电子荣获第 42 位。而作为企业的掌舵人李健熙也名列“世界上最受尊敬的经营者”排行榜第 32 位。韩国企业家在世界上受到尊重，这在韩国历史上是前所未有的事情。

2007 年 5 月 7 日，在韩国，管理协会顾问公司对 8991 名分析师、业内领袖、消费者进行了调查。调查结果显示，李健熙同样被评为“韩国最受尊敬的企业家”。因成功而受人尊敬，这是水到渠成的事。

最有社会责任感的企业家

对于韩国人民来说，三星集团的李健熙是无人取代的，因为他打造了韩国人民从生到死都离不开的三星帝国。

李健熙在将三星集团发展成为韩国标志性的企业时，也让全球的人见证了它的成绩。

一个民族企业家可以做成这样，这对韩国民众来说无疑是最好的馈赠。

在李健熙的经营哲学中，一个企业的发展要对国家对社会有贡献。企业家不是唯利是图的商人，要有社会责任感，对国家、社会、民众都要有贡献。

2008 年，李健熙通过电视台的全国直播节目宣读他的《对国民道歉和辞职声明》，就经济丑闻对韩国民众带来的困扰表示道歉，并宣布辞职。李健熙的这一举动让韩国民众震惊于丑闻事件的同时，也对他心生佩服。一个成功人士，面对所有的人坦然地承认自己错了，这对很多普通人来说都很难做到，更何况是个名人。可是，李健熙就这样做了。有人因此说他是位“有社会责任感的企业家”。

20 世纪 90 年代，李健熙投资数亿美元到汽车行业，建造三星汽车，试图进军世界汽车市场。然而，最后却因为投资错误债台高筑，三星集团也因此面临极大的危机。李健熙因这个失误而焦头烂额，他不能让三星集团以及三星的员工来为这个错误决策的后果买单。后来，李健熙为了将错误决策带来的损失降到最低，不影响到整个三星集团，乃至整个韩国的经济，他捐出 20 亿韩元的个人财产偿还债务。他被业界批为“一事无成的管理者”的同时，也受到了三星员工、整个韩国乃至全世界的尊重。美国《财富》杂志赞他是“为错误的投资决策承担责任的 CEO”。

李健熙的这一举动很少会有企业家这样做。在他看来，这并不是在证明自己多么有钱，而是作为一个伟大的企业家应具有的社会责任感。他果断的决策，敢于为自己的错误埋单的精神值得每一个人去学习。

1995 年，三星集团发生了一件让人不安的事情：当时的三星集团生产的手机遭到消费者的投诉。面对这种情况，很多企业家会置之不理，面对危机自然会有其他部门的人处理。然而，李健熙却无法做到充耳不闻。在认真思考后，他打电话给市场部的经理，命令他将三星生产的15万部手机全部召回，所有成本和损失都由三星集团承担。李健熙知道，质量有问题的手机流入市场会带给企业无法挽回的负面影响，也会给消费者带来相当多的麻烦。他召回并烧毁手机的魄力，对质量的敬畏，让众多的企业家深感佩服。他们在心里感叹：这才是一个有社会责任感的企业家应该做的。

以上种种举动，李健熙做得的确让人有些吃惊。他的举动是常人无法做到的。但是，正是因为他异于常人，才会有三星集团的现在；也正是因为他异于常人，才会得到那么多人的尊敬。

需要出现女性 CEO

韩国同中国国情一样，虽然女性的社会地位有了很大的提高，但是隐性的男女不平等的状况依然存在。这种现状在三星集团表现得也很明显，在这个庞大的集团中，高管有1700多名，而女性所占比例仅有1.9%。

某天，李健熙同公司高管同在的午餐会上，女高管们说出了困扰她们的在职业生涯中存在的不平等现象。我们都知道，女性的分娩和哺乳期会给其职业生涯带来很大的不利影响。有人说，生孩子就等于给职业女性判了死刑。有很多有才能的女性因此而被迫离开自己的岗位。这种情况在我国的企业中也比比皆是。

李健熙在了解了女高管们的苦衷之后鼓励她们说：“女性是有能力和作用解决这些问题的人，在竞争中没有认输的理由。女性可以胜出，而且一定要胜出！”李健熙还在午餐会上表示：“需要出现女性首席执行官。”

在这里，李健熙所说的话是对女性在职场中能力和作用的肯定。或许，在旁人看来，从小接受儒家传统教育的李健熙，身处三星的高层，对女性的能力或许存在着一定程度的怀疑。然而，李健熙并没有这样想，他并没有因为强权地位而歧视弱势的女性。在工作中，他给予女性足够的信任与认可，自己的两个女儿就担任三星集团不同部门的社长。

午餐会上的讨论让三星的员工更进一步地认识了高高在上的李健熙，并从内心深处越发尊敬这位领导。

人性美与道德美甚于一切

都说商人利欲熏心，而李健熙却不是这样的人。

李健熙在三星员工奉若宝典的《三星新经营》中说："一个人能力差点没有关系，但一定要有人情味。"

作为韩国第一大企业家，李健熙特别重视人性美与道德美。

关于人性美，李健熙曾经说道："无论我们怎么忙，在路上只要看到有孩子摔倒了，也要停下自己匆忙的步伐，把孩子扶起来才是正理。因为，这是人性。"

关于道德美，李健熙也说道："无论是多么小的东西，无论是自己的或是别人的都要珍惜。我们清楚企业内部的浪费情况很严重。很多时候，生产线上的工具或是图纸经常是不在原位，零件箱也是杂乱不堪，从某种意义上讲，这就是浪费现象，它浪费了空间，也浪费了时间。即使是到别人家的时候，如果看到什么东西掉了，还会捡起来放到原地，而为什么在自己的车间里就不能做到呢？这就是缺乏道德性，而缺乏道德性的企业一定不能生产出好产品。即使生产出了好产品，这个企业也不会长久。”

在李健熙看来，企业在业务方面的成绩只是一时的。一个大企业，即使在业务方面做得再好，而不注重维护企业人性道德美，这个企业也是不会长久地存在下来。

李健熙在企业中推崇的人性美、道德美和礼仪规范、行为规范被三星员工称为“三星宪法”。他的思想也辐射到各个国家的分公司。在他的思想的指引下，三星集团在环境保护、社会福利、慈善、学术、文化、教育等领域都为社会做出巨大的贡献。

正如李健熙所言：“三星通过自己的产品和服务让生活变得更加充实，进而造福人类社会。”作为富豪的他，其人生目标和终极意义在于获得财富满足自己欲望的同时，也要造福全社会。

李健熙造就了独一无二的韩国三星集团，同时，他也把自己造就成一位受世人尊敬的企业家。

影响中国的韩国霸主

1992 年中韩建交之后，李健熙在中国惠州投资建厂。此后，他不断加大在中国的投资，使三星集团成为中国最大的韩国投资企业之一。作为和韩国一衣带水的国家，古代的中国与韩国保持着密切的交流。现代的李健熙带着他的三星集团来到了中国，对中国的消费市场带来新产品、新服务、新理念的同时，也给中国企业家在管理经验方面带来了鲜活的案例和深刻的启发，成为改革开放以来影响中国企业发展理念与实践的外国企业家之一。

以“质”打天下

李健熙在三星集团做了几件让世人佩服的事情，其中一件就是他追回有质量问题的 15 万部手机，并当众将其烧毁。或许有些人觉得他的行为太过夸张，完全没必要，甚至可以说是浪费资源。可是，他高度地注重企业产品质量的精神是每个渴望获得成功的企业家必须要学习的。

接手以前的三星在产品上面只注重数量而忽视质量的问题，这在李健熙看来是非常要命的。用他的话来说：“量是百分之零，质是百分之百！”尤其对于电子产品而言，质量才是关键。电子产品追求质量，就是追求核心技术，并不断地进步。

李健熙对产品质量的追求来源于他自身对电子技术的热爱。传闻说，李健熙在自己家的地下室建造了一家实验室，这个实验室里放满了世界上各种最新的高科技产品。三星电子开发出来的所有新产品，甚至全球企业生产出来的最新产品都会被送到他的“实验室”里。这位技术狂热者经常要在里面待上半天时间，一个人面对着一堆高科技的产品独自玩弄，研究这些产品的内部构成和外部设计，从而发现和三星所生产出来的产品的不同之处，以此来改进三星电子产品的质量。

李健熙在三星集团曾经说：“忽视研发，就像农夫因为肚子饿而吃掉种子一样危险。”在他看来，忽视技术上的研发，企业就会失去发展的根本。在李健熙对电子产品核心技术的特别关照下，三星集团每年都会将销售额的8%投入到产品技术的研发上，并且在一些核心产品上面的研发投入还超过了销售额的10%。三星集团在产品技术研发上的大手笔必然会换来高质量的产品。

而在中国，企业对产品在技术上面的研发程度却远远达不到李健熙对三星集团的要求。

美的集团是中国一家以家电制造为主，涉足照明电器、房地产、物流等领域的大型综合性企业集团。2013年，美的被评为“中国最有价值的品牌”。然而，实力远不能和三星相比的美的集团每年在技术研发上面的投入基本上也只是其销售额的3%～5%。一个大而强的企业都如此重视产品，重视产品技术的研发，一个不如它的企业反而投入得不如它多，这该怎么完成竞争与超越？作为国内领先的家电企业在技术研发上面的投入尚且如此，那其他中小企业呢？

多数中国企业的可悲之处在于，目标很大，可是投入却很少。很多企业都忽视产品的质量，不致力于新技术的开发与研究，长期纠缠于所谓的价格大战、品牌炒作，将精力和金钱都花在这些外在方面，自然是很难发展起来的。中国的企业家要想做大做强，就应该像李健熙一样，从质量取悦消费者。

重视品牌的再创造

2005 年美国的《商业周刊》发布了新的“年度品牌价值排行榜”。在榜单中，三星首次超过索尼，以 149 亿元的品牌价值位居“2005 全球 100 个最有价值品牌”第 20 位，三星品牌在全球赢得广泛关注。

三星在 20 世纪 80 年代还是欧美国家眼中的二三流公司。而李健熙接管后，正是其重视品牌的再创造，才打造出一流的三星品牌。

为了重塑品牌，李健熙改变了三星集团的 Logo。新 Logo 的设计让三星集团充满活力。

随后，李健熙重新定位三星产品，果断地停止了一些销售量高但是低端的产品，把消费群定位在时尚的年轻一代身上，赋予三星品牌“数字技术的领先者、高价值和时尚”的内涵。重新获得定位的三星品牌在设计上面更加用心，双屏、滑盖等在设计上面的首创，最大限度地迎合了年轻人的需要，成为“时尚、高端、技术领先、e 化”的国际品牌。

李健熙在品牌的营销策略上也别有用心。1996 年李健熙当选为国际奥委会委员之后，他就充分使用了“体育营销”这一策略。韩国媒体评价说：自从李健熙当选为国际奥委会委员之后，三星就穿上了“尖端数字企业”的新衣。通过这种营销，李健熙把三星推向了世界，手机 Anycall 的品牌印满了全世界。

相比较三星品牌，中国的企业对产品品牌力量的重视程度远远不够。中国企业在品牌的定位方面存在很大的问题，很多企业家盲目地认为市场目标定得越大，成功的几率就越大。他们对市场目标定位得不合理，对消费者的需求又不清楚。这些都直接导致了企业品牌难以形成应有的竞争力。

关于品牌宣传方面，三星还注重公众的力量。如三星中国集团就在中国 17 所重点大学设立了奖学金；从 2003 年 7 月开始，北京地区的全体员工分成 6 个组，每周六都要到北京人民最喜欢去的香山进行捡垃圾活动。三星集团通过公益活动将品牌深入到广大的消费者心中，获得了良好的口碑。而中国的有些企业品牌虽然创立起来，但却忽视了对社会公益事业和公关活动的参与，使得一个品牌无法长久地吸引人们的注意力和美誉度，最后自然在残酷的市场竞争中败落。

李健熙对企业人才的重视，自成一套的管理方法，独特的营销手段，这些都给中国的企业带来很大的影响。

综观中国本土企业，曾经名噪一时的企业却有可能在一夜之间繁华不再，在中国市场销声匿迹。一些企业做得声势浩大，但却脆弱不堪。当年一代央视广告标王因为兑酒事件消失不见，中国最大的保健品企业三株集团也一夜崩塌。这样的例子可谓数不胜数。

近年来，三星集团在中国的影响力越来越大。中国的一些企业纷纷表示要把三星作为学习的对象，把李健熙作为学习的对象，打造“中国的三星”。

可是，关于如何学习，如何达到李健熙这样的高度，还真是个值得认真思考的问题。

Chapter 2

执掌三星

继位之争的胜利者

SAMSUNG

李健熙执掌三星以来为三星创下了辉煌的成绩。回首这段英雄路，李健熙从一开始就为不平凡铺好了道路。一个天才不是从成长的一开始就自然生成的。作为“商业鬼才”的李健熙，他经历了许多常人所无法遭遇的事情，也就是这些经历锤炼了他，让他在继位之争中立于不败之地，为三星创下辉煌。

孤独的童年

大多数人的童年都在快乐和美好中度过，那个阶段的我们无忧无虑，每天只专注着一件事情：快乐。

然而，非常人的李健熙，他的童年却和别人的不一样。童年对于他来说，是一段无比孤独的岁月。在这段岁月中，他离群索居，承受着别人无法想象的孤寂。

寄养生活

1942 年 1 月 9 日，李健熙出生在韩国庆尚南道的宜宁郡。

南江和洛东江从宜宁郡的东南部穿流而过，让这个历史悠久的地方更加秀丽迷人。

然而，李健熙的童年并不像宜宁郡那样美丽。

李健熙是李秉喆的第七个孩子，在他的上面，有两个哥哥，四个姐姐，后面还有一个妹妹。

作为最小的儿子，李健熙并没有得到来自父母的“优待”。

那个时候，李秉喆的事业才刚刚开始，忙碌的夫妇两个根本无暇照料刚出生的李健熙。无奈，尚在襁褓中的李健熙被送养到祖母家，由祖母来抚养。

远离父母关爱的李健熙在祖母家一待便是四年。

那个时候的他，很少能见到父母。在他幼小的心里感觉唯一疼爱自己的只有年迈的奶奶。每当看到别人家的小孩子在父母的怀中撒娇时，李健熙就会心生疑问：为什么我不能和别的小孩子一样待在爸爸妈妈的身边？为什么我要被送到这里来？是因为他们不喜欢我吗？

想必这是每一个从小就寄养别家的孩子都会问的问题。

在祖母家的这段岁月，李健熙经常想象着自己家的模样，那里大不大？热闹不热闹？祖母常常念叨的我的那些兄弟姐妹们都是什么样的？他们好不好相处？

那个时候的李健熙，总爱趴在门前的桌子上望着远方想着这些问题。在他幼小的心灵深处对于自己爸爸妈妈的那个家有着超越常人的渴求。

1947 年，李健熙终于如愿以偿，回到了父母的身边。

回到自己家李健熙感觉很舒服。原来，家里有那么多的人，比祖母家热闹多了。

可是，回到家的李健熙表现得很胆怯。因为不爱说话，年少的其他孩子开始并不喜欢和这位突然出现的家庭成员玩耍。小孩子的世界很简单也很好进入。过了一段时间，自小离开的李健熙融入到了这样的大家庭里。

在李健熙后来的记忆中，那个时候家里的人很多，而房子却很小，一家十几个人挤在一套四居室的屋子里。可是，终于回到父母身边的李健熙并不觉得拥拥挤挤热热闹闹有什么不好。在他看来，他终于可以回到自己的家，终于可以真正地感受到来自家的温暖，这真是莫大的幸福啊！

孤独的留学生涯

在李健熙回到父母身边的这一年，他进入惠花小学读书，开始了自己的求学生涯。

当时，李秉喆的事业还不稳定。李健熙不得不跟随做生意的父亲不停地转换地点。学业刚开始的他就要不断地转学，曾先后从马山转到大邱，再到釜山，一连换了五所小学。因为不停地转学，李健熙的学习基础并不好，也让他在学校里没交到什么固定的朋友。再加上从小远离父母形成的内向性格，使他在同龄人面前显得很沉默。因为这样的一种性格，李健熙在学校里并不讨喜。

父亲李秉喆为了让孩子接受到更好的教育，长大后可以继承他的事业，他先后安排两个儿子留学日本，而他对于小儿子李健熙的学业安排似乎更有深意。

哪怕当时李健熙有多么不舍，父亲固执的决定让幼小的他又一次开始了离家的生活。

可这一次和上一次截然不同！他被固执的父亲安排到了日本留学。

就这样，还在读五年级的李健熙开始了人生第一次的留学生涯。

这远远不同于成年后的留学。年龄尚小的李健熙在日本，没有祖母的关爱，没有家庭的温暖，没有韩国的一切。

这听起来让人很难想象。远离父母远离熟悉的生活环境到异国他乡开始不一样的生活，对于成年人尚且还需要一段时间去适应，更何况是一个年幼的孩子！语言不同，生活习惯不同，尚未独立的小孩子该怎样在这里生活？

可李健熙在日本东京一待就是三年。

虽然，和他同在日本的还有两位哥哥。但是，过大的年龄差距让李健熙并没有得到应有的关怀和友情。

在日本，孤独的李健熙唯一的伙伴就是狗，当时陪伴他的是一条京巴犬。李健熙喜欢和它交流，向它倾吐心事，和它一同玩。在他看来，狗是最忠诚的朋友，可以陪伴他一生。以至于人生的每个阶段，李健熙对狗都有特殊的感情，只要看到狗他都会想起日本的生活。为此，他还建立了引导犬学校。

对于这段留学日本的生涯，李健熙后来回忆说："小的时候在日本生活，形成了很内向的性格，那里没有朋友，常常一个人想问题，并且把问题想得很深。在最敏感的年龄，我感受到了民族间的差别以及由此带给我的愤怒和寂寞，还有对父母亲的想念等等，这些感受都是那么的深切自然。"

听完李健熙这段话的人，尤其是离开父母独自生活的孩子估计会深有同感，而那些有孩子的父母们估计会心痛不已。不知道，身为父亲的李秉喆在庆幸自己帮助儿子经历了这段特殊的成长期时，有没有想过幼小儿童在心底的那些伤痛呢？

失之东隅，收之桑榆。

在日本的这段岁月让李健熙迅速地成长起来。对于人生的颠沛流离、民族间的差别和无法摆脱的孤独寂寞他比谁体会得都深，这也对他的人格塑成起了很大的作用。可当时的他，还是一个孩子。

为了摆脱在日本的这种“奇怪”的感觉，李健熙学会了从电影中寻找乐趣。

那个时候，他只要一有空就会到电影院里看电影。电影院的工作人员经常会看到这个沉默的孩子自己一个人抱着零食在电影院一待就是半天，虽然没有人陪他，但是他看得很是开心。

在日本的这三年里，李健熙看了 1300 部电影。看电影对当时的李健熙来说最初是为了消磨无聊的时光。可是到后来，他渐渐地发现了看电影的乐趣——可以从电影中了解别人的世界，别人的思想，还可以思考很多人生况味。

他在电影中锻炼自己独特的思考能力和对事物的看法，以至于后来他在发表自己的见解时常常观点独特、语出惊人。

这一特殊的爱好，李健熙至今还在保持。在工作之外的闲暇时间里，他爱做的事情就是看电影。三星集团的员工们都知道，他们有一个爱看电影的会长。

也正是因为李健熙对电影的这份狂爱，三星集团后来还同世界著名导演斯蒂芬·斯皮尔伯格合作拍摄过电影。

除了电影，李健熙还爱看电视纪录片。虽然纪录片要比电影乏味得多，但是在李健熙看来，纪录片更真实，更能带给他内心深处的思考。因为这个爱好，他还被别人戏谑为“电视纪录片狂”。

李健熙坦言说：“电视里放的纪录片我一集都没有错过。赶不上的时候就录下来，有时间再看。我家的电影资料库里就有 1000 盘这样的录像带。”

被孤立的“外人”

当李健熙在日本读完初中一年级后，父亲李秉喆让他回了韩国。

李秉喆发现从日本回来后的李健熙变了很多，依旧不爱说话。可是，从他偶尔和自己谈话时发表的言论来看，李秉喆知道这个小儿子长大了。他果然没有辜负自己的用心，对此，李秉喆甚感欣慰。他希望，在他的教育下，子女个个都是人中龙凤。

从日本回来后，李健熙到韩国师范大学附中读初中。

终于不用在异国他乡的街道上扮演孤独者的角色了，这对李健熙来说是一件无比开心的事情。

当时的他以为，只要回到韩国，他就不用再自己一个人面对孤独了。可是，回到韩国后生活并没有像他想象的那样。

人生中最重要的成长期在日式度过，他早已在潜移默化中接受了日本的生活习惯。他在不经意间流露的日式的行为习惯和生硬的韩国发音让他在同学们的眼中成了“特别”的人。而他从小就养成的不爱与人接触的孤僻性格，让他在学校中依然没有朋友。

虽然不喜欢孤独，大概也是习惯了孤独，李健熙并没有拉近和同学之间的距离。而在同学的眼中，他是一个奇怪的人，丝毫没有同龄的人的生气，总是显得那么呆板、沉闷。

同学们曾开玩笑说：“如果电闪雷鸣，别人当场就会吓晕，而他会一步一步走回家，第二天早上才会被吓晕。”学生时代性格木讷的李健熙被同学称为“木鸡”。可是，他们中谁也没有想到，就是这样一位反应迟钝沉默寡言的“木鸡”同学日后却成就了受世人瞩目的三星集团！

孤寂的童年经历让李健熙比同龄人成熟很多。他深刻体味到家庭温暖对孩子的成长有多么的重要，所以，当他有了自己的孩子的时候，他尽可能多地给予他们最丰满的关爱。

李健熙坦言说：“我没有受过1%的家教。”

可他在心里深深地明白，自己过着与别人不一样的童年就是为了让自己走与别人不一样的人生道路。

二次留学

1961年，李健熙19岁。这一年他高中毕业，顺利考上了世界一所排名前100名的一流大学——韩国延世大学。

这一年，李健熙也由孩子成长为大人。他无比庆幸自己的成长。因为，长大后，他就可以像自己的父亲那样，经营自己的事业，实现自己的理想。

开学之际，李健熙周密地规划着自己的大学生活，怎样学习，怎样娱乐，他都想得很清楚。

在进入延世大学报到的前一天晚上，李秉喆把这个小儿子叫进自己的书房里。

李秉喆是一个强硬而威严的父亲。

听到儿子进来的脚步声，李秉喆转动椅子转过身来，细细地打量着这个已经长大渐渐有了男子汉气概的小儿子。他想，时间过得真快，孩子已长大，自己却老了。

李秉喆笑着问小儿子健熙说："即将开始大学生活，是不是很开心？"

话不多的李健熙看着父亲点点头。

“明天就报到了，东西都准备好了？”

李健熙在心里奇怪父亲今天的态度为何颇为亲和，估计是有什么事情。

李健熙如实地回答父亲：“嗯，学费都已经缴好了。”

李秉喆站起身来，走到儿子的面前：“你想不想再次到日本留学？”

李健熙对父亲的话感到吃惊。他知道，父亲的这一问不是在问他的意见，而是要安排他去日本。李健熙低头没有说话。日本的那段童年时光给他很大的影响。当初，他讨厌极了那里的生活。可是，当父亲这样问自己时，他突然想起日本浪漫的樱花，陪伴他的京巴犬，还有那个让他一次次待在里面不肯离开的电影院。

李秉喆见儿子没有说话，继续说：“我想你应去日本读大学。日本是一个强盛的国家。我早年就是在那里的早稻田大学读书，从那里学到了很多一生受用的东西。作为男子汉，你也应该真正地去体会异国他乡的生活了。”

李健熙明白父亲误解了他的沉默。对于父亲的这个决定，李健熙并不排斥，甚至发自内心地感到欢喜。

“爸爸，我愿意到日本留学。”

听到儿子这句肯定的回答，李秉喆露出了开心的笑容，轻轻地拍着李健熙的肩膀。

“那就去准备吧，我已经联系好了那里的学校。尽快到日本那里去！”

开学后，韩国延世大学有一个学生没有去报到。大家都在好奇究竟是什么原因使得这个同学放弃了这所著名的学府。

再次日本留学

很快，李健熙再次踏上了去日本留学的旅途。

重到日本，李健熙不再感到陌生，反而有些亲切之感。

小时候的日本生活经历，让李健熙在气质上面深受日本文化的熏陶，让他很快地适应了日本的生活。李健熙也就是从那时起，学会了像日本人一样懂得倾听别人，在别人发表完意见之后自己再表态。

李健熙是怀着憧憬来到早稻田大学的，不仅是因为这个学校出了很多名人，更重要的是自己的父亲曾经在这里学习过。

刚开始，李健熙就读于新宿早稻田大学西院校的商学院。从这里毕业的学生有十万多名，有很多已成为日本经济界的精英。商学院丰富的课程让李健熙学习到很多商业知识。他在心里庆幸自己最后来到了早稻田大学。

除此之外，李健熙还按照父亲的要求，主修了“大众传媒”一课。

虽然，李健熙对大众传媒并不怎么感兴趣，可是，他并不排斥学习本身。早稻田大学的文学部很有名，在他看来，他能学到其他的知识，日后总会派上用场的。并且，他相信，父亲的安排肯定有他的深意。

是的，李秉喆的安排有独特的用意。他想让儿子学业结束之后接管他相关的产业，将三星集团的业务范围扩展到文化领域。

这一次的留学让李健熙开阔了眼界，对于日本也不再是小时候那种五味杂陈的情感了。他终于明白日本强大的背后原因，也将超越日本当做自己的理想。

从日本留学结束后，李健熙又到美国乔治华盛顿大学商学院学习了一年半，在那里学习欧美企业的成功经验。

1966 年，李健熙从美国归来，进入韩国东阳广播公司。就在此时，他明白了父亲当年的深意。因为在日本主修过相关的知识，学习商业的李健熙并没有被人当做门外汉，他在东洋广播公司做出了令人刮目相看的业绩。

1967 年，李健熙和东洋电视台会长洪进基的大女儿洪罗熙结婚，借由此举完成了三星集团商界和文化界的联盟。

钟情于体育的继承者

在中国，有很多的企业家是运动员出身，如获得过全国航模锦标赛冠军的冯锐，国家体操队的奥运冠军李宁、楼云等，他们在竞技场上为国家争得荣誉之后，也开始在商界为自己的人生寻找新的目标。

三星的李健熙虽然不是运动员出身，但他从青年时代开始就寄情于运动，学会在运动中放松自我。在成为三星会长之后，身处高位的他并没有因为自己繁忙的公务而放弃自己的爱好。他依然执着地喜欢体育，并将体育精神贯彻在三星集团的发展理念中。

少年时代钟情体育

很多富商家庭在家庭教育和管理上面的骄纵，导致富二代们不思进取，迷恋各种虚华的东西。

在韩国，作为李秉喆的儿子，李健熙在外人眼中是不折不扣的富二代。

童年异于同龄人的成长经历，让李健熙过早地体味到了人生的百态。不同于韩国其他的富二代，李健熙并不因为自己的父亲是三星的李秉喆而自我放逐，从不迷恋那些所谓的名牌和高档的东西。

从小伴随着他的爱好除了看电影、养狗，还有一个就是体育运动。

李健熙在年轻的时候就钟情于体育，认真好学的品质让他在体育方面的兴趣极为广泛。

不像其他富人，对于体育的消遣只停留在象征地位的高尔夫球场上，李健熙把体育当成了生活的一部分。他擅长多种体育竞技，如摔跤、柔道、马术、高尔夫球和乒乓球等。

在高尔夫运动上，李健熙可以说是高手。

由于李秉喆自己本身喜欢高尔夫运动，他在这项运动上面也培养过李健熙。在李健熙去日本的时候，李秉喆就对他说："日本有一流的高尔夫球选手。我从高尔夫运动中获益良多，你也可以试着学学。技多不压身。希望这项运动也能带给你快乐。"到日本后，李健熙记得父亲的这句话，他果真跟着日本一流的高尔夫球选手去学习。就这样，李健熙渐渐培养出自己对高尔夫球的爱好。没事时，他喜欢挥上几杆子。久而久之，李健熙在高尔夫球上的技术越来越娴熟，有时候他可以连续打一千多个球。

正如父亲一样，高尔夫运动也让他获益良多。当他成为三星集团会长以后，他就积极地鼓励三星集团的员工打高尔夫球，高尔夫球甚至成为了三星集团的文化。李健熙还通过打球看人，他认为，虚报杆数的人不是一个君子，工作中也不会有君子的行为。他还曾以打高尔夫球的技巧为例来启示三星高管们加强对三星集团的改革。

除了高尔夫球，李健熙还擅长摔跤。日本的摔跤运动很出名，早年在日本的时候他就迷上了摔跤运动。回到韩国上高中时，他还参加了学校的摔跤队，小有成绩，最后因为训练受伤在家人的极力反对下才被迫退出摔跤队。但是，李健熙对摔跤运动依然很热爱。后来，大学毕业后，他还担任过业余摔跤协会的会长。

李健熙还喜欢骑马。据说，李健熙爱上骑马是为了治愈交通事故留下来的后遗症，因为这项运动可以活动身体的腿部和腰部，对健康的恢复有很大的帮助。在马场上纵情驰骋也让李健熙感到了前所未有的自由，坐在马背上能让他忘记压力和烦恼。就是这样随便一骑，李健熙便深深地爱上了骑马这项运动。

体育对于李健熙来说，首先是一份爱好，而这一份爱好带给他的不仅仅是运动的畅然，还给他带来了一份特殊的“职位”——国际奥委会委员。

李健熙曾多次担任奥委会的委员，还代表韩国申请2018年冬季奥运会的主办权。如果你去翻看2002年日韩的世界杯的各种影像资料，你会看见李健熙忙碌的身影。

当李健熙因为丑闻事件而将被取消国际奥委会委员资格时，他亲自写信给奥委会，表示自己并没有违反奥委会的规则和奥林匹克精神。李健熙对奥委会委员资格的看重，一方面，是因为他代表了韩国，身在其位，可以更好地为韩国谋得利益；另一方面，对于一个不是运动员但对却体育执着热爱的人来说，能在奥委会担任职务，这是一个莫大的荣幸。

对于任何人来说，一生当中能有一个真正热爱的东西，都是一件幸福无比的事情。当我们难过失意时，都可以通过这种爱好来宣泄情绪，在那一刻忘记烦恼，找回自己。相比较其他静态的东西来说，体育似乎表达感情更加浓烈一点，更能宣泄人的感情。这也难怪李健熙喜欢在庞大的工作重负之下坚持运动，以释放压力。

三星的奥运营销之路

在企业的营销策略中，有一种营销手段叫“奥运营销”。

所谓的“奥运营销”就是借助奥运赛事为载体来推广企业的产品和品牌的市场营销活动。

2004 年，香港的“金六福”在宣传中很好地借助奥运的声势来炒作自己，口号为“为奥运添福”：欢聚是福、参与是福、和平是福、进取是福、友谊是福、分享是福。就这样，“金六福”很好地诠释了奥运精神，并因此获得了“体育营销”最具实效奖。

而在韩国，提起三星的奥运营销之路，李健熙功莫大焉。

出于自身对体育的热爱，李健熙将体育带入三星集团，在三星集团积极地推行奥运营销策略。

1988 年三星成为韩国汉城奥运会的赞助商；1998 年，三星集团成为国际奥委会全球合作伙伴；2006 年的都灵奥运会中，三星继续成为国际奥委会全球合作伙伴。在这些奥运会举行过程，你也许未曾关注过赞助商的营销策略。但是，2008 年在我国北京举行的奥运会中，李健熙更是紧紧地抓住了机会，三星电子新推出的手机产品 F480 顺利成为奥运会的指定产品。该款手机里面还有有关奥运的主题歌曲和相关壁纸，充分将奥运元素运用其中。2012 年，在英国伦敦奥运会上，三星集团又再一次出现在奥运大舞台上。

作为国际奥委会的成员，李健熙的在场总会让人们想起韩国，想起三星集团。

而在李健熙奥运营销策略的影响之下，三星集团逐渐被世人所熟知，其品牌价值达到125.5亿美元，成为全球品牌价值上升最快的公司之一。

李健熙充分利于体育赛事宣传三星，将其作为重点推出的项目。奥运会中三星的不缺席也让三星在世界市场上做到了不缺席。

爱着体育运动，并将其融入到自己的生活和工作中。对于这位“运动员”会长，我们真得只能发自肺腑地赞叹：“厉害!”

第一项事业——韩国半导体

1979 年 12 月，三星集团收购了韩国半导体公司，并将其改名为“三星半导体”，使其成为三星的独资企业。

1980 年 1 月，三星半导体和三星电子合并。至此，三星电子公司将三星半导体作为核心产业进行发展。

与其说是三星集团造就了韩国半导体在世界上的神话，倒不如说，是李健熙造就了韩国半导体。准确说来，韩国半导体是李健熙的第一份事业。

高瞻远瞩，力排众议

李健熙在大学毕业之后开始正式进入三星集团，在父亲身边悉心学习摸爬滚打了数年的李健熙，也渐渐地在商业上练就了独特的眼光和决断力。

在发展的最初阶段，三星集团并没有紧跟新经济技术革命的步伐，仍将产业投资集中在重工业、石化工业等传统工业上。

20世纪七八十年代，亚洲的半导体产业起步最早、做得最好的当属日本。可以说，当时的日本垄断了亚洲的半导体市场。那个时候，三星集团虽然对半导体芯片业务有所涉足，但是只是抓住其中的一点两点，并没有将其作为核心的产业去发展。

当时，李健熙就认为，三星集团在核心技术产业方面的缺失，将会在很大程度上限制集团未来的发展。于是，他建议三星集团在业务方面重新进行调整，将核心业务扩展到电子、半导体和通信方面。第一步就是要收购韩国半导体公司，将其发展为三星集团的核心公司。

商人不做赔本的买卖，没有发展前途的产业他们是不会考虑的。由于不熟悉半导体行业，再加上日本的半导体发展的旺盛势头让韩国在半导体产业方面的发展几乎没有优势可言。李健熙的这一大胆建议遭到了三星集团以李秉喆为主的保守派的反对。在他们看来，这个“二世祖”的决定有些可笑。收购一家衰败的公司就算了，还要将做得不行的业务重点去发展，这也太冒险了吧！

然而，从小遇到困难不放弃的执着精神让李健熙没有因为遇到阻碍而放弃对半导体行业的看好。他当时就对自己的父亲说：“就算只有我一个人，我也想试试！”

于是，李健熙不顾父亲的反对和众人的不看好，用自己的个人财产收购了韩国半导体公司50%的股份。购买韩国半导体公司后，李健熙告诉自己，一定要将这个产业发展壮大，这个产业日后的发展前途是不可估量的。

在很多企业中，如果有好的建议被公司高层全盘否定之后，有的企业家会就此作罢，不用说收购一家众人都不看好的公司，更不用说用自己的个人财产去摆平一切的事情了。所以，这些企业家注定无法达到李健熙的高度，取得李健熙那样的成就。

事实证明，李健熙是对的。他在商业上敏锐的洞察力和果断的决断力，让他向三星的高层证明了半导体行业的确是一个有广大前景的产业，它将带动三星集团在新世纪的飞速发展。

随后，三星集团收购了韩国半导体公司剩下的股份，成立了“三星半导体”。从此，三星集团的业务开始向半导体行业倾斜，要同日本半导体产业分一杯羹。

电子产业里的神话

机遇对于人来说就是那么突如其来，而如果能抓住机遇，最后获得的巨大成功也会让人不敢想象。

三星集团在李健熙的带领下踏上了高科技的列车。而他带领“三星半导体”走向世界一流水平就是一个“难以想象”的经典案例。

后来，三星半导体和三星电子合并，也就是今天为世人所熟知的“三星电子”产业。

在李健熙的领导下，“三星电子”成为了三星集团子公司中规模最大且在世界上处于领先地位的企业。2009 年，三星电子超越惠普（HP）成为世界上最大的 IT 企业。而在国际市场上，三星电子生产的电子产品受到消费者的追捧。特别是三星电子生产出来的智能手机 Galaxy S 系列受到了人们的青睐，成为代表时尚的高端消费品。三星在电视领域更是创造了令人瞩目的成绩，在世界保持领先地位。

三星电子产业在国际市场获得的成功向世人证明了一件事情：当年，三星集团业务上面的选择是正确的，李健熙的决断是正确的。

假如，当年的李健熙没有力排众议，坚持自己的商业眼光，三星集团也不可能在业务方面有如此成功的转型。

在标榜高科技的现代社会里，如果三星集团不在核心技术领域做出成绩，它很难会有现在令人瞩目的成绩。

就这样，在还未成为三星集团的第二任会长之前，李健熙力争发展三星半导体产业的业绩使其在三星集团赢得了员工的佩服，获得了一定的威望，也让三星的高管对这位年轻的“皇子”另眼相看。而李健熙也用实际行动让三星的员工知道，他不是没有能力的“二世祖”。

作为富二代，李健熙时刻被笼罩在父亲李秉喆的光芒之下。只要是他还没有接任三星集团，为整个集团做出贡献，三星集团所有的成绩都是来自李秉喆的领导。这对于李健熙来说是一种压力。如何走出父亲的光芒，树立自己的威信，这是一个难题。

半导体成了神话，成了李健熙在三星集团的第一份事业，让他给三星集团上交了一份完美的答卷。

父亲的遗言

1987年，三星的第一任会长李秉喆因胃癌去世。这位“三星之父”打拼了一辈子，在为三星创下辉煌业绩之后，永远地离开了三星。李秉喆在弥留之际，拉着李健熙的手，将引领三星集团未来发展的重任交给了自己的第三个儿子。

李健熙面对父亲的遗言，百感交集，在伤痛父亲离世的同时，也在心中构思着如何打造真正属于自己的商业帝国。

李秉喆时代的逝去

李秉喆的逝去对整个三星集团来说是一个巨大的损失。

纵观这位商业能人的一生，他在韩国初建的时代创立三星集团，并领导它成为韩国最大的企业，为三星为韩国的经济都做出过巨大的贡献。

早年李秉喆留学日本，在上大学的时候，因为民族间的差异，他受到了日本人的歧视。这种歧视身在国外的人最为清楚。当我们在自己国家的时候，我们无法感受到自己的爱国热情。等到走出国门后，我们在异国他乡最受不了的就是来自别国对自己祖国的轻视。而当时的李秉喆就深受这样的折磨，作为一个有志青年，受到日本人的歧视与侮辱，他当时愤怒的心情可想而知。在那个时候，李秉喆就怀有“实业报国”的理想。于是，毕业之后，他按照自己的理想，全身心地投入到商场中。

李秉喆坚持认为：“办企业的着眼点首先要放在国家和人民是否需要之上，之后再考虑收益、资金、人力、技术等问题，企业要做自己力所能及的事情。”

循着他的企业观，李秉喆在创业之初就将公司的业务放在面粉、制糖、棉纺织等与国民生活息息相关的领域中。当时社会的特殊情况，加之正确的抓手，让李秉喆获得了成功。三星集团规模日益扩大，在一定程度上垄断了韩国的市场，三星产品也成为韩国早期工业进口的替代品。

后来，李秉喆在战后韩国新经济政策的影响下，将三星公司的业务发展到造船、飞机、化工、机械等重工业领域。加之韩国政府的特别眷顾，李秉喆进一步扩大了三星集团的规模。

李秉喆在商业上面的前瞻性使得三星集团快速发展，这也实现了他早年“实业报国”的理想。

对于一个国家或一个企业来说，人们最不应该忘记的是呕心沥血的创业者。他们最初的创业没有人作指导，完全是在“摸着石头过河”，而且随时都有失败的可能。而他们的伟大之处就是自己走出一条路的同时也为后人指引了方向，开辟了道路。如果没有他们，何谈以后的辉煌！

韩国人民只要提起三星集团，就不会忘记这位“三星之父”——李秉喆。

而对于三星集团来说，李秉喆为集团做出的最后一个贡献就是选对了下一个领导人——李健熙。

完成父亲心愿

李秉喆在逝世之前最放心不下的就是他一手打拼出来的三星江山。他不知道，在离开之后，三星集团能否走向辉煌，继续为韩国的经济做出贡献。

于是，在他弥留之际，他紧抓住小儿子李健熙的手，用微弱到几乎听不见的声音说："三星集团就交给你了！"说完后，李秉喆再也说不出话来，只是用期盼的眼神看着儿子李健熙。李健熙知道，父亲紧抓着自己的手并不是什么都没有，而是在将三星集团交给他。无论如何，自己都不能让父亲失望！

同父亲的经历有些相似，早年在日本留学的李健熙也深深地体会到日本人对韩国人的歧视。当时的日本在亚洲发展最好，很是看不起韩国这样没钱没实力又很小的国家。在日本的每一天，他都在承受着日本人可恨的眼光。第一次留学日本年纪还小，李健熙就深深地感受到了发自心底的那种愤怒。后来，再次留学日本，李健熙就想着好好学习，将来一定要将日本比下去。

李健熙也在心中涌动着和父亲相似的理想：产业救国。

所以，李健熙对三星集团也是有着特殊的感情。

对他来说，三星不仅仅意味着父亲临终前的托付，更多的是他在其中寄予着自己的理想和抱负。

在众多的子女中，李秉喆最喜欢自己的大女儿。李秉喆在一次和朋友的谈话中表示，如果她是男孩，定然会把自己的事业交付于她。可惜了，她是一个女孩。

不管这真假与否，在八个孩子中，做事风范酷似李秉喆的只有李健熙一个。

经过多年对李健熙的考察，李秉喆决定把三星集团交给他。

当然，李健熙并没有辜负父亲的重托。最初还受到大家质疑的李健熙在商场中表现出来的非凡才能比李秉喆有过之而无不及，被业内称为“商业鬼才”。

他带领着三星集团走出金融危机的影响，拓展三星集团的业务，将三星集团的分公司开遍了全世界。

因为李秉喆，韩国出现了三星集团；因为李健熙，世界出现了三星集团。

他将李秉喆时代还属二三流的企业一举发展成世界一流的企业，让英国《经济》为此感叹：“十年前，还仅仅依靠生产廉价麦克风维持生计的三星电子，已经完成了奇迹般的飞跃。”李健熙本人也被韩国人民称为“经济总统”，被全球称为“影响世界的100名人物”。

倾听

李健熙在任三星副会长的时候，李秉喆把李健熙叫到自己的面前，拿起办公桌上的纸笔，挥笔下去便是两个大字：倾听。

还没等李秉喆开口说话，聪慧的李健熙就已明了父亲的用意。

李秉喆说："当领导者，凡事不要妄下定论，学会倾听。"

李健熙点头。

李秉喆了解这个儿子，其实这个道理自己不说他都明白。可是，他不仅是父亲，还是三星的会长。他希望自己的儿子谨记父亲的话，也谨记领导的教诲。

这简单的两个字寄予着李秉喆对李健熙的希望，希望他在遇到问题的时候能够仔细聆听别人的言论，不要随便发言。

其实，早在李健熙留学日本的时候，他就学会了"倾听"。那个时候，因为性格内向，他的话很少，在和别人交流时也大多扮演"倾听者"的角色。对别人的话和看法，他会在内心细细地思考，从不妄发评论，但是，他一出口常常语惊四座，让人佩服于他看事情的角度和独特的想法。

李健熙时刻记住父亲留给他的"倾听"二字，在任三星会长的阶段，也一直奉行着这一原则。

在担任三星会长之后，李健熙一直保持着"倾听"的好品质。

虽然三星集团内部实行集权制，而李健熙本人又是一个极具威严极具决断力的领导，让所有的三星员工惟命是从，但是，他从来没有妄自下过一个定论，任何决定都是在自己深思熟虑之后作出的，而每一次深思熟虑都在倾听完别人的意见之后才开始的。所以，每一次三星高管开会，他总是静静地坐在自己的位置上以一种被"忽略"的姿态听着来自高管的意见，听完之后才对事情发表自己的观点。

作为子女，父母的话我们应谨记心中。尤其是父母在生命的最后一刻，留给我们的都是人生最宝贵的财富。对于李健熙来说，父亲李秉喆留下的巨大财富他将用尽一生去守护。

第二任会长

李秉喆逝世后不久，李健熙在三星高层的拥护下执掌三星，成为了三星集团的第二任会长。

早在年轻时，李健熙在心中就有着一个商业帝国的梦想。现在，这个梦想将从他当上三星会长后开始慢慢实现。

作为新任会长的李健熙坐在曾是父亲的位置上，更加审慎地规划着自己的商业帝国梦——

如何摆脱来自父亲的影响，树立自己的权威？如何让这个大企业在自己的手中发展更好，获得更多的辉煌？

父亲的影响力

虽然在心中对会长这个职位有过许多想象，但是，当有一天这个想象实现的时候，李健熙还是觉得有点不太习惯。同样地，他也发现了三星员工对自己的不习惯。

几天下来，李健熙发现他远远地低估了父亲李秉喆对于三星集团的影响。

对于这个白手起家的创业者来说，人们永远地佩服他、敬仰他。

作为“三星之父”，李秉喆带领着三星从一家名不见经传的小公司发展到韩国业内数一数二的大企业，他对三星的贡献之大可想而知，他在三星集团内部崇高的权威地位也可想而知。李健熙意识到父亲的思想观念与行事作风已经深入到三星集团的方方面面。

韩国的企业文化比较注重年龄和资历，而在父亲去世之后，继任者李健熙虽然已经四十多岁了，但是这个年龄在和父亲一手打江山的老功臣面前，李健熙还是显得太过于“嫩”了点。

在外人看来，李健熙是从他父亲李秉喆的手中接下了三星集团，他是“二世祖”，财富不用费力去得到，出生就有。相比较他父亲来说，李健熙处在一种“守业”的阶段。自古都说，守业更比创业难。他能否将父亲打下来的三星江山守得住守得好，大家都不知道。

初当会长的李健熙因为这些压力，并没有感受到身处高位的喜悦。从一开始，他就像箭在弦上，蓄势待发。

即使，很多人都认为，李健熙是在延续父亲的辉煌。可是，在李健熙看来，他并不是在“守业”，他要带领三星集团重新“创业”，让三星集团发展壮大，走上更加辉煌的时代。

不服输的“二世祖”

无论是国家还是企业，权力交接的过渡阶段很让后来者倍感煎熬——

前朝权威犹存，新朝的权威还未建立。

上任以后，李健熙谨遵父亲“倾听”的遗训，行事沉稳低调的他也并没有对三星集团施以什么大动作。当然，李健熙在这个时候也不可能有什么大的革新之举。毕竟，三星员工对于新上任的领导还不了解，不先带着集团做出什么成绩，众人是很难信服他的。

三星集团内部的人员对这位新上任的领导摸不到头脑，他们不知道，李健熙能否扛住从父亲手中接下来的三星大旗，能否带领三星集团走向更好的发展道路。

事实证明，李健熙没有辜负平日里父亲的苦心栽培和临终前的殷切嘱托。

他在刚上任的一年里，使三星集团沿着父亲的路子平稳地发展。在这一年中，三星业务得到扩张，在全球的很多地方都建立了分公司。李健熙初任会长时并没有手忙脚乱，而将企业管理得井井有条，扩大的业务范围也取得成功，让业内的人士看到，他并不是被父亲光芒笼罩着的“二世祖”！

取得成绩的李健熙并没有在成功面前沾沾自喜，这点成绩对于他伟大的商业帝国的梦想来说还远远不够。在出任会长的这一年里，他从三星集团成功的背后也看出了公司从父亲时代就存在着的弊病：运行效率不高，重视产品的数量却忽视质量……这些问题严重阻碍了三星集团的发展。

三星集团要继续发展，就要祛除这些毒瘤。

李健熙说：“如果我们没有意识到比别人落后多少、落后在哪里，就无法在这个竞争激烈的时代生存，三星要时刻具备危机意识，朝着世界一流企业的目标迈进。”

为了给三集团“治病”，改变三星集团在欧美国家眼中二三流企业的传统定位，李健熙宣布对集团进行“二次创业”，并且还特地为“二次创业”发表宣言。宣言中，李健熙慷慨激昂地说：“三星的每位员工、每个部门，都要萌生危机意识，只有适度的紧张感才能带来活力和创造力，才能确保三星在下一个世纪绝对领先。”

为此，声势浩大的“二次创业”在三星集团如火如荼地展开。李健熙决定要重组三星集团的旧业务，将电子产业引入三星集团的新业务之中。在这样的决策之下，三星公司将三星电子与三星半导体和无线通信合并在一起。这样不仅节约了公司的经营成本，还提升了三星公司的运作效率。成本降低，效率提高，李健熙的这种做法更加有利于三星集团的发展。

李健熙在新任会长之初，这种大力改革的决心给三星集团注入了新鲜的血液，员工也渐渐认可这位新会长。

秘书室的弊病与重组

在三星集团内部，秘书室是一个极为特殊的存在，它被称为“三星共和国最顶级的中枢”，对三星集团的管理有着极其重要的作用。

俗话说，新官上任三把火。作为三星集团新任的第二任会长，李健熙将他的第一把火烧到了秘书室。

三星秘书室的产生

“秘书室”这个词来源于日本“二战”时的参谋组织，主要工作是搜集商业情报，为组织的发展建言献策。

李秉喆曾留学日本，对于日本的文化他非常地推崇。于是，在创建三星集团时，他就将日本秘书室的组织思想运用到企业的架构中去，在三星内部设立情报组织——三星秘书室。

在最初，三星秘书室是三星物产下的一个“课”（相当于中国的科级部门），其职能范围很小，只是帮助李秉喆处理三星日常的事务。后来，随着三星集团的发展壮大，李秉喆认为市场变化太快，而市场变化由很多因素造成，政治、文化、自然环境都会导致市场的巨变。如此一来，单靠一个人或是几个人来抓住市场的变化，实在有些困难。李秉喆觉得，这个集团内部需要一个强大的参谋组织，专门搜集信息，并拟定方案和相应的调整。于是，1972 年，李秉喆在参考日本财阀秘书室的组织经验的基础上，增加了秘书室的功能，让其在参与日常事务管理的同时，也负责搜集情报，做出分析，制定方案。到了 20 世纪 70 年代后期，三星秘书室的功能不断扩充，还负责公司日常的运营、财务、人事、企划、技术、安全、国际金融等事务。

20 世纪 80 年代，三星集团的秘书室走出三星集团的狭小天地，成为了韩国最大的情报分析组织，其中海湾战争爆发、金日成去世、俄罗斯进口收银机等情报都是由三星的秘书室最先提供的。

这样的信息提供源不是国家情报局，而竟然是一个企业的部门！企业集团的部门能耐如此之大也真不多见。

秘书室的弊端

可以说，三星集团能取得今天的成绩，秘书室功不可没。

它为三星集团搜集准确的商业情报，对其进行正确的分析，以便做出有利于三星集团的正确决策，这就在一定程度上提高了三星集团的运行效率。同时，秘书室在维护企业形象方面也起到很大的作用。李健熙投资汽车失败之后，秘书室就出面极力地维护李健熙的形象，同时也维护了三星集团的社会形象。

然而，任何事物都有两面性，可谓有利也有弊。其实，三星集团的秘书室存在着很大的弊端。

李健熙执掌三星集团后，他对事物超凡的洞察力让他很快就发现了秘书室的弊端。

作为三星集团的中枢，李健熙认为，秘书室的权力过大。一个部门过大的权力其实并不利于三星集团内部的管理。而对于一个搜集商业情报的机构来说，权力过大是不必要的。秘书室高度集权，很容易就滋生腐败现象。

秘书室的权力显然已经延伸到三星集团内部的很多方面，成为三星集团权力支架的一个重要的组成部分。甚至，秘书室还可以干涉子公司的运营。李健熙说过："由秘书室掌权，子公司掌财。"三星集团所有子公司的人事及薪资决策全部都由秘书室决定，就算是类似于三星电子这样的明星企业在秘书室面前也没有任何办法。在这种情况之下，秘书室的高度集权严重地干扰了三星集团子公司的发展。

针对秘书室权力过大的问题，李健熙在会议中曾说："秘书室暴露出中央集权制的弊端。秘书室如同朝鲜的500年历史，只会在会长与社长团以及高管之间建造围墙。秘书室处于权力的中央，甚至可以称之为盖世太保或克格勃。我也有过这样的感觉，如果我要视察工厂，秘书室就会这样指示'你不要看会长的脸，装作认真干活儿的样子，你要采取力争姿势'等等。他们在我面前只会说好话，叫他们把不好的拿过来也不行。秘书室患上了'伪装病'，过去的5年间一直都这样。"

不仅如此，秘书室还有一个弊端：容易造成公私不分。

三星集团是家族企业。家族企业并不是说由一个家族全权掌管，它还有很多的股东。从这个角度来说，家族和企业又是分离的，他们之间的关系很复杂，而秘书室的一项重要职责就是要处理好他们两者之间的关系。然而，它在处理两者之间关系时，往往容易忽略其中的一个。这时候，处理不得当，家族利益和企业利益之间就会产生矛盾。

秘书室的重组

李健熙是一位有决断力的领导者，在充分意识到秘书室存在严重弊端之后，执掌了三星集团的他对三星的秘书室进行了重组。

针对秘书室过度集权的弊端，李健熙首先要做的就是分散秘书室的权力。

1998 年，秘书室的人事、财务、企划、秘书和经营组人员减少到 100 人，从 15 个小组缩减为 10 个小组。1999 年，李健熙又正式关闭三星集团的秘书室，将其改组为“结构调整部”。改组后的“结构调整部”分为人事组、财务组、监察组、企划公关组、法务组等部门，在三星集团仍掌管着很大的权力。2006 年，李健熙再次削弱“结构调整部”，将其改为“战略企划室”，保留了其在人事、财务方面的支配权，其秘书组转为会长直属，法务组转入社长团协议会下。

就这样，李健熙层层剥茧式地削弱秘书室的权力。

但是，秘书室无论经过怎样的变动和改名，它依然使三星集团铁三角权力金字塔中极为重要的组成部分。

在李秉喆时期，公司的运营权，会长占 80%，秘书室占 10%，下属子公司的会长占 10%。李健熙将其改为会长占 20%，秘书室占 40%，下属子公司占 40%。李健熙对三星秘书室的改组却依然使其拥有很大的权力。

在李健熙的改组下，也只是通过削弱自己的经营权，来平衡秘书室和下属子公司的权力，其用意旨在使其更好地为三星集团服务，更好地为李氏家族服务。

可是，改组后的秘书室弊端依然存在。

作为公司和家族的调节剂，秘书室似乎更倾向于为李氏家族服务，公私方面似乎更加分不清楚。准确来说，它并不是对三星集团的小股东负责，而是听命于拥有三星最高权力的李健熙。实质上，李健熙将秘书室改组成了为李氏家族服务的部门。当然，也许是因为李健熙本身在集团内部的巨大贡献，改组后的秘书室甘愿臣服在其威权之下，处处为李健熙服务。

对于李健熙来说，无论秘书室的权力多大，只要它能忠心地为李氏家族服务，有利于集团企业的长足发展，他就可以允许其存在，名字改与不改无关紧要。

领土扩张

1988 年是李健熙任三星集团会长的第一年，也是三星集团成立 50 周年。在周年庆典上，李健熙宣布进行“二次创业”。在李健熙看来，父亲对三星集团完成了首次创业，稳固地占据了韩国市场。对于雄才大略的他，必须发动“二次创业”，带领三星集团占据世界市场。

李健熙所规划的“二次创业”就是要在产业上继续开创三星未接触的领域，在公司规模上积极扩大，将三星集团真正地推出国门，使它发展成为 21 世纪世界级的企业。

在这个伟大目标的驱使之下，李健熙积极地采取行动。

在内，李健熙进行一系列的公司改革；在外，他积极地进行三星企业的扩张，带领三星集团迈向 21 世纪。

李健熙对三星集团的内部改革，产业调整是一个非常重要的方面。在新的时期，李健熙认为三星集团已有的产业已经无法满足集团的发展之需，而这个时候，就需要积极地拓展新的产业，扩大三星集团的疆域。

纵观三星集团的产业发展道路，在最初只是韩国食品出口商，业务主要是食品生产。20 世纪五六十年代三星集团开始涉足人寿保险和纺织业。

1969年，又向电子产业发展，于是便产生了三星电子。然而，这个时候三星电子生产的产品也只是电视机而已。20世纪70年代三星集团进入石化领域，这个时期的电子产品也渐渐扩展到洗衣机和微波炉上。

到了20世纪80年代，李健熙认为高科技产业将会在下一个世纪成为朝阳产业，一味地在传统行业领域发展只会导致新世纪主要市场的失败。三星集团想要继续发展，必须扩大业务，并将高科技产业作为自己的核心业务区发展。

于是，在他的积极推行下，三星集团在电子行业进一步发展，并将其作为一项核心的业务，开始生产彩电、手机、视频录像机和个人电脑等。

20世纪90年代，李健熙看到三星集团的电子产品只停留在最基本的零部件制造上，核心芯片还要受制于大的电子公司，于是，他将三星电子的业务发展的核心技术用于个人电脑的内存及硬盘的研发和生产上。

1995年，三星电子推出新款手机。然而，这款手机在质量上存在一些问题，注重企业“质量经营”的李健熙当场就焚烧了三星电子生产出来的15万部手机。至此，李健熙在三星集团积极地发展手机业务，特别重视产品的质量。

终于，在1999年，三星电子发布了第一款可以连接互联网的手机。2010年，在巴塞罗那世界移动通信大会上，三星还推出了首款Android智能手机Galaxy S，让世人惊艳。这款手机至今已出了好几代，受到全球人民的喜爱，并被认为是最好的智能手机之一。三星手机在质量、设计和产品营销上的重视使其获得巨大成功，甚至一度超越智能手机的巨头——iPhone。

事实证明，李健熙将三星集团的核心业务扩张到高科技领域的决断是正确的。

2009年，“三星”位列全球品牌价值20强。

2012年10月2日“三星”以329亿美元的品牌价值排名“全球100强品牌”第九位。

除此之外，李健熙不仅积极地拓展三星集团的业务，在三星集团实质的规模上面也开疆辟土。他在近70个国家和地区建立了近300个法人及办事处，员工总数达到19.6万人。

就中国而言，李健熙看中中国市场。中国地大物博，消费人群多，又和韩国是邻近国家，在生活习惯、文化方面有许多相似的地方。自从中国加入世界贸易组织之后，中国政府积极的“引进来”政策，更是让李健熙极其看中中国的市场，积极在中国进行投资。现在，三星集团在中国投资的主要有三星电子、三星电视、三星康宁、三星SDS、三星物产、三星生命、三星火灾等。其中，三星的电子产品在中国市场影响很大。

目前，三星集团在中国很多城市都拥有公司，连偏僻的西部地区都有三星集团的身影。李健熙曾经说，中国人和日本人都是他的对手。李健熙深入对手腹地，在他看来，知己知彼，方能百战不殆。

在竞争激烈的欧美市场，三星集团同样行动活跃。

面对三星如此之大的“领土”，李健熙心中的理想也算实现了。可以说，这个集团已经成为一个庞大的三星帝国。在这个帝国里，他不仅完成了父亲的遗愿，也实现了自己打造商业帝国的梦想。

Chapter 3

再造三星

除了妻子和孩子，
一切都要变

SAMSUNG

李健熙的勃勃雄心让他不满足于父亲李秉喆留下来的成绩。在外人看来，李秉喆完成了创业，李健熙要做的是守业。可是，李健熙偏说他要再次创业。一次又一次的革新推动着三星的进步。李健熙也在一个又一个辉煌的成绩中实现了改造三星的愿望。

法兰克福宣言

李健熙在执掌三星政权以后积极推行的“二次创业”并没有给三星集团带来大的改变，三星的沉疴顽疾依然存在。

李健熙曾回忆说：“我宣布要进行第二次创业，立志要变革三星。但几年过去了，改革并没有什么成效。50 年发展造就的体制非常顽固，三星是第一的错觉很不容易去除。1992 年下半年，我还因此失眠。这样持续下去，三星可能会倒闭的危机感也有，体重减少了 10 公斤以上。”为了改变三星的现状，即使“二次创业”成效不明显，李健熙依然坚持推行改革。

1993 年，“法兰克福宣言”打响了李健熙“新经营”改革的第一枪。

市场大调查

李健熙继任三星会长以后，立誓要将三星集团发展成世界级的一流企业。然而，他对三星集团进行的小修小补并没有改变集团的现状。

20 世纪 90 年代，三星虽然在韩国是第一大企业，但是它生产的产品在欧美市场上的销量却不如人意。三星现在这样的状况离李健熙预想的理想状况还差很远。

于是，李健熙决定带领三星集团的高管对欧美市场进行调查，以期从市场入手，找到三星问题的根本所在。

李健熙和三星集团的高管们辗转在欧美几个大市场。然而，调查来的结果却让他们很吃惊。

三星生产的产品被摆放在无人问津的角落里，上面竟然还落了一层灰。相比市场中的其他产品，三星产品丝毫没有竞争力。这样的结果让李健熙心里很不是滋味。

所摆放的这些产品都是三星整个集团智慧的结晶，从设计到生产，再到产品的宣传营销，各个部门都花了很大的力气，劳动成果被别人当作低质量的廉价商品给无视掉了，这对在场的所有三星集团的高管们来说无疑是当头棒喝。

大家觉得难以接受这样一个事实的同时，也在小心翼翼地观察着李健熙的脸色。对于摆在面前的这种情况，李健熙并没有说什么，但表情凝重得很不好看。

在场的人面面相觑。他们明白，作为公司的领导者面对这个情况，无疑是在当众抽自己的嘴巴！

1993 年 2 月 18 日，三星集团电子部门副总经理以上的高管们在美国洛杉矶四季宾馆召开了“电子部门出口商品现场比较与评价会议”，这次会议所讨论的内容就是市场上三星产品被冷落的现状。

在开会之前，李健熙给高管们一人一笔资金，不是要辞退他们，而是让他们到市场上买最受消费者欢迎的电子产品。

会上，李健熙将世界上现有的78种电子产品一一摆放在三星集团高管们的面前。看着被摆放得整整齐齐的产品，同三星的产品一比较，高管们心中渐渐明了：三星的产品在这些高端产品面前像极了一个长相不好又穿着低劣的小丑。

李健熙让高管们将这些产品拆卸开来，同三星的进行比较。他们发现，三星产品的零件比这些高端产品的还要多，而且也不比它们便宜。高投资，却低回报。通过这样一比较，他们便看到了三星的差距，同样也找到了三星产品在国际市场上的真实地位。

自任会长以来，在所有的会议上李健熙的话都不多，他一直安安静静地充当“倾听者”的角色。然而这一次他却一改往常，在会上滔滔不绝地说了很久。高管们心里都明白，本次市场调查给满怀壮志的李健熙泼了一盆冰水。

接下来，三星电子的美国公司三星美洲电子的理事作报告，分析三星电子产品在市场处于劣势地位的原因。

三星美洲电子理事说：“1992年三星电子出口不振的原因，并不能全都归咎于美洲电子，其他分公司也应该承担一定的责任。”

从会议一开始，李健熙的脸色就不好看，当听到美洲电子理事把责任推到其他人身上的时候，他再也听不下去了，当场就爆发了进入公司以来的第一次脾气：“马上给我滚出去!”

在场的高管们都被李健熙突如其来的脾气惊呆了。在他们的印象中，这位不爱说话的领导并不喜欢发脾气。今天这种情况还真是第一次见!

不过，在那天调查完市场，他们就已经感觉到李健熙“山雨欲来风满楼”的气势了。

李健熙在怒吼一声之后，心情稍稍平静了一点。但是一想到三星集团的这种现状，他还是不能平复自己的情绪。

“为什么三星现在还有这样的理事？我最不喜欢推卸责任的人！美国是世界上最大的市场，美国市场的成败决定了我们的生存。看看现在的状况吧，我们的产品在美国蒙上了灰尘，这样做，三星还能生存吗？三星在1986年就已经灭亡了，我在15年前就感觉到了生存危机。现在不是好好经营的问题，而是生与死的关头。我们的产品与先进国家的产品还有很大的差距，抛弃那些所谓的二流精神吧，如果不争世界第一，今后不会有活路。三星产品不是便宜货，受到轻视的三星产品不要再用三星的商标，不如把商标撕下来的好。”

李健熙的这些话如雷鼓，句句都打在了在场所有人的耳朵里，进而敲进了他们的心里。

所有的高管们都在低头沉思：会长李健熙说的话并不是气话。

正如他说的，现在的三星集团面临的是生死关头。

随后，三星的管理层分别在德国的法兰克福、英国的伦敦以及日本的东京和大阪等地举行了领导层会议。其中，李健熙在德国的法兰克福会议上发表了对三星集团日后的发展产生深远影响的“法兰克福宣言”。

除了妻子和孩子，一切都要变

1993年6月，李健熙看到了一卷记录着三星集团生产不合格洗衣机的全部过程的录像带。这卷录像带让李健熙对三星生产的产品质量震惊之余，也让他深刻地认识到了三星管理方面出现的问题。

当时，他就打电话给秘书室长李株彬，第一句话就是用愤怒的语气说："现在开始录下我所讲的话！"

秘书室长李株彬不知道怎么回事，但听到会长愤怒的声音就知道大事不妙，胆战心惊的他将李健熙的话录了下来。

"多年来，我一直强调质量经营，而改变的结果就是这样吗？叫所有的总经理、监事、董事长到法兰克福集合，从现在开始，我亲自指挥。"

回过神来的李株彬将这段电话录音传了下去。

随后，在录音里被训斥的三星集团所有高层以备战的姿态集合在德国的法兰克福。

看到战战兢兢到来的三星集团高层，李健熙并没有一开始就说话，而是环顾了在场的每一个人。会长的这一环顾让在场的所有人都忐忑不安。他们都在想：这位"帝王"要做什么？

待所有的在场人员淡定了之后，李健熙缓缓开口说道："当我坐在飞往法兰克福的飞机上时，看到一份有关我们集团三星电子的报告。报告中说：'三星员工不顾现在处于哪个设计年代，只顾赶潮流，而且对工业设计和商品设计也分不清楚，在新产品投入生产时还没有商品企划书，三星就是这样的一家公司。'你们说，我们是这样的一家公司吗？"

李健熙颇具威严的话可谓雷霆万钧，可这一问话，没人敢回答。

李健熙继续说："我在来到这里之后，打开上飞机之前有人给我的录像带。里面的内容太让我震惊。你们知道里面是什么吗？洗衣机盖子的尺寸无法组装，就有人削掉多余的部分，这才勉强装上去。这难道就是我平时所强调的产品质量吗？就这样的产品还能放在市场上吗？"

几句话问得在场的所有人大气都不敢出。

在法兰克福的两天里，李健熙召开了四次会议。一直以来，低调的李健熙都不喜欢演讲，但在这两天中，他却高调地组织了多次会议并语重心长地训诫大家。

在最重要的一次会议中，他说："企业的寿命不是永恒的，要勇于进行自我解剖，要有危机意识；企业的领导人必须了解世界的变化情况，不能坐井观天；确立'三星'新的战略目标——成为世界超一流的企业。要在2000年进入世界十强之列；彻底抛弃'以数量为中心'的经营思想，牢固树立以质量求生存、求发展的经营思想；重塑'三星'形象，建立符合时代精神的三星文化；重实效，埋葬形式主义。从现在开始，除了老婆和孩子，一切都要变！"

李健熙在会上说的话后来被整理出来，成了著名的"法兰克福宣言"。

这次会议从傍晚开始，一直延续到第二天清晨。一位参加过这次会议的员工后来回忆说："李会长在讲话期间甚至连一次卫生间都没去过。他滔滔不绝地讲世纪末的潜在危机以及为此需要进行的革新，我们中的不少人都被他大胆、新颖的理论震惊了，甚至有点无法理解。"

演讲结束以后，李健熙把公司高层叫到他的房间，问他们对于自己的话有什么意见。当时的高管们还在心里认为这次法兰克福会议的召开只是李健熙心血来潮的决定，而他激情澎湃的宣言或许只是空喊的口号而已。

于是，分不清状况的秘书室长李株彬说："我觉得，我们还是不能放弃产品的数量。"

话刚说完，李健熙就把手中的茶匙狠狠地摔在了桌子上，当场就撤销了秘书室长李株彬的职位。这件事就是三星集团著名的"茶匙事件"。

在场的人这才反应过来，会长对三星集团的这次新变革是势在必行了。

后来，李健熙的“法兰克福宣言”被整理成一本书发给三星每一位员工，让他们时刻谨记。

为了纪念这份意义非凡的宣言，三星集团将“法兰克福厅”搬回了韩国，里面的所有家具物品都是李健熙当年在酒店的原貌。其用意，就是让每一个前来参观的人都记住这对三星集团有着非凡意义的重大时刻。

变革起始："7－4制"

法兰克福宣言掀起了李健熙"新经营"改革的序幕。

对于这次改革，李健熙下定了决心，一定要让三星集团抛弃二流精神，走进世界一流企业的行列。

回国后，李健熙在内心细细地盘算着给三星集团来次彻底的变革，可这变革该从哪里入手？

经过认真思考，李健熙突发奇想，要改变三星整个集团的上班时间，让他们从中意识到他对公司进行整改的决心。他开会向三星集团高层们说了这一想法，大家在会议上议论纷纷。李健熙看到大家的反应，即使有人作出反应，他也没有什么表态。因为，这个会议并不是让高管们说可行不可行的。

于是，三星集团高层传达命令：员工每天的工作时间改为早上七点到下午四点。这就是三星集团的"7－4制"改革。

"朝七晚四"的工作制在三星整个集团炸开。这时，大家才隐约意识到三星改革的开始。

让三星所有的员工每天工作都提前一个半小时！要知道，在此之前，三星员工的工作时间是早上八点半到下午五点。

李健熙在刚制订这一计划的时候就想到了推行工作的难度。因为他知道，这不是在改变一个人的作息习惯，而是在改变整个三星集团所有员工的工作时间！

变革的阵痛

在“7－4制”实行的最初阶段，三星集团的员工对工作时间的改变很不适应。毕竟在韩国，上班族的工作时间都是在八点以后。早上七点，对于大多数的人来说，还处在睡眠阶段。让他们在这个昏昏沉沉的时间点投入到一天紧张的工作中，他们实在难以接受，觉得这样不仅会影响一天的工作，还会打乱他们的生活规律。

而作为三星集团的高管们对会长的“7－4制”也有不同的看法。

有些高管时刻都在跟着李健熙的步伐走。李健熙作为会长，对三星集团的了解有时也只是大方向的，而作为部门的管理者，他对三星员工的状态更为清楚。三星从前会长时期就存在“大企业”病，员工不思进取。上班时间激情不够。八点上班，很多人直到九点才能找到状态。而晚上的五点下班，他们在四点多的时候就归心似箭了。这样，很影响工作的效率。“7－4制”下，员工们在八点就能投入工作，而又会有谁在下午三点多的时候想着下班呢？

有些高管却不这样认为。他们觉得，李健熙这样的做法完全不符合人的实际情况。七点上班四点下班，这样的作息制度在韩国根本就没先例。再者，推行起来的难度很大。会长是领导者，他不用亲自推行，推行的任务还是交给他们，不满怨言也由他们承受着，坏人可全让他们当了。这些高管们在心里对“7－4制”意见很大，他们有些甚至不愿意执行这一制度。

为了看看“7－4制”在三星集团执行得怎么样，李健熙为此还派人专门去调查。然而，结果让李健熙很是生气，三星集团的有些下属公司并没有完全执行这一制度。有些员工四点下班后不走，加班到五点才愿意回家。虽然说，看到员工们的勤奋与刻苦，作为老板应该感到欣慰。可是，这不是欣慰的时候，李健熙是要让他们意识到变化。

李健熙在心里很是恼火那些在集团存亡的时刻还在昏睡的人，但是，这也更加坚定了李健熙整改的决心。于是，他再次下令，不管推行难度有多大，“7－4制”一定要进行到底，让它成为员工彻底服从的准则。他还告诫三星员工，让他们“每天从少睡10分钟里改变自己”。

改变始于自身

在最初，三星集团的大部分员工非常不适应。他们每天都带着瞌睡虫去上班，有时候还会因为太困而错过下车的地点。看到同事们早上精神不济的模样，大家觉得好笑的同时，也在咒骂这“7－4制”带给他们的身体和精神的双重“戕害”。对于晚上下班时间，大家更是无语。四点下班，这也太早了吧，根本不知道该怎样安排睡觉前的这几个小时。

可是，很快地，三星员工对“7－4制”的不适感消失了，他们发现新的工作时间给他们带来了意想不到的好处。

早上八点半，这个时间是整个韩国的上班时间，也是交通最为拥挤的时候。员工们每天都要赶着时间赶着人潮去上班，拥挤的交通让他们在路上浪费了很多的时间。而且，他们很容易会在拥挤的交通状况下产生不愉快情绪，也很容易会将它带到上午的工作中。这在一定程度上会影响到他们的工作效率。

而改为七点上班后，员工们并没有发现六点多起床有什么困难。避开了上班的高峰，他们上班路上节省的时间就可以省下来下班后在家多待一会儿，相比较下来并没有比之前早起多少，工作效率却随之提升了不少。最让三星员工感到获益良多的是下午的下班时间。虽然比之前的下班时间只提前了一个小时，但是，三星员工在心理上觉得自己下班后的时间充足了很多，他们不用再像以前一样焦急地等待着下班。在这段时间里，他们可以安排很多的事情，比如约会、学习、陪伴家人等。

在彻底实施"7－4 制"后，三星集团曾针对这一制度的效果在公司做过调查。调查结果显示，19% 的人因为提前上班提早下班避开了高峰时间而在路途上的花费缩短了半个多小时；61% 的人因为下班后有了更多自主的时间而去参加了各种培训班和健身班，充实了生活；24% 的人增加了和家人朋友的相处时间。其中，一位从工作制改革中获益匪浅的员工说："'7－4 制'使我们有机会改变了对时间如何巧妙利用的观念。以前，我把许多宝贵的时间白白耗费在挤车过程中。现在，我学会了游刃有余地分配和利用时间，轻松自如地安排好每天的工作和生活。"

李健熙的"7－4 制"并没有损害到员工的切身利益，在他们有更多的自主时间之后，反而很好地提高了他们的工作热情和生活激情，唤醒了三星集团上上下下的员工，让三星集团的整体面貌发生了改变。

看到调查人员递上来的调查结果，李健熙颇为意外。他没有想到"7－4制"给三星员工和三星集团带来这样的改变。毕竟，他的初衷也只是想在工作时间安排上给予三星员工一定的物理刺激，让他们意识到三星集团的改革必须从改变自己开始，以更好地配合公司的改革。

意外的收获

“7－4制”的推行，让李健熙对三星的改革势在必行。他坚信，通过他的努力，三星集团一定会有大的改变。

更让李健熙意想不到的事情还在后面，整个韩国的作息时间也以他的“7－4制”为参考做出了改变。这足以说明三星集团在韩国的影响力，李健熙在韩国的号召力。

在我国，我们经常说上班族过着“朝九晚五”的生活。可是，在很多地区，真正的上班时间是八点左右，晚上下班时间有时会是六点。无论是“朝九晚五”还是“朝八晚六”，只要不加班，这种工作制度在上班族看来就很好。可是，工作压力大的上班族们总会有加班的时候。

不说上班时间，单是在四点下班，就给白领们带来极大的诱惑。现代中国社会越来越强调幸福感，白领们深觉压力较大的工作让他们的幸福感很弱。四点下班，对于那些白领们来说，各种充实自己的活动都会展开，也势必会削弱他们上班时间过早的抱怨。

任何制度的推行，总会有些反对的声音。但是，“7－4制”无论是放在韩国，还是放在中国，都会让许多人从中受益。

1993 年人事大换血

在“7 –4 制”推行的同时，李健熙对集团内部的人事也进行了大的调整。

关于三星集团内部人员的分配，李健熙在 1992 年就调整过一次。当时，他一方面为了激起员工们的热情，另一方面也为了培养属于自己这位新任会长的势力，便对三星的社长、专务、常务、理事等两百多名员工进行了升职奖励。

而 1993 年，三星集团面临的现状，让李健熙在内心深处受到很大的刺激。

公司出现这样的问题，作为领导者他应负全责。但对于三星这个大集体来说，出现这种情况，员工们也难辞其咎。于是，他决定实行“新经营”的第二步：对三星内部来一次“大换血”。

人事关系复杂

作为一个大企业，三星发展了五六十年，内部人员的关系网很是复杂，各种集权、贪污的现象都有可能发生。而且，人都有惰性，在发展了那么多年的公司，会有很多人弱化了刚进入三星的斗志。

在李健熙看来，三星集团现在由内到外都存在很大的问题，若想对三星集团来个彻底的更改，清算三星集团内部所谓的人脉网，给三星集团来次“人事大换血”是必要的措施。只有换掉了“坏血”，注入了“新血”，三星集团才能重新活跃起来，获得重生。

李健熙当上三星会长之后，面对父亲李秉喆给自己留下来的那群旧部下，心里有一套自己的想法。

都说“一朝天子一朝臣”。看史书，我们经常会看到，新皇登基时总要在人事方面进行大换血。对于那些挂名三朝为官、两朝为官的老臣特别小心。因为这样一类人位高权重，仗着自己辅佐过几代皇帝的功劳，总不把新皇帝放在眼中，这个时候他就成为了新皇帝大换血的首要对象。同时，新皇帝对于那些占据要职但并不是自己一手提拔的官员也很是不放心，为了培养自己的势力，这些人也要移除。

有人说，企业没有那么夸张。然而，管理一家大企业就像是管理一个国家。作为企业的领导，在企业里要有自己的心腹，这样会对企业整体的发展状况有个很好的把握，有利于各种政策的推行，更加便于管理。尤其是三星集团这样的家族企业，股份很多，但李氏家族占的份额却很少，这不同于古代的“家天下”，这个时候，李健熙似乎更要在三星集团中培植紧紧跟随自己的亲信。初当会长的李健熙心里清楚，父亲的旧部下全心全意为三星集团着想并不意味着会全心全意服从他的权威。他需要的领导团既要能为三星服务，又要对李氏家族忠心不二。

当上会长已经五年多了，李健熙始终处于沉寂状态，并没有从大的方面触动集团的原有架构。现在三星改革的事情迫在眉睫，让李健熙对三星内部的大调整寻得了契机，同时他也想培养一批真正听命于自己、忠心于自己的员工。

人事整顿

李健熙对三星集团的换血最先从换掉位高权重的秘书室长李株彬开始。

秘书室长李株彬是前会长李秉喆的心腹，秘书室也是李秉喆一手建立起来的。既是一手创立，又是一手提拔的心腹，李株彬在秘书室也可以说在整个三星集团都有很大的权力。他对三星集团有着很大的贡献，对李健熙即位也提供过很大的帮助。

法兰克福会议上，秘书室长李株彬因为说出了“不要放弃量的经营”这一句反映当时在场高管们的心声的话而让自己丢了高位，当时的他对李健熙的这一决策感到莫名其妙，对自己位置的突然撤去也感到莫名其妙。

秘书室长的调换出乎大家的意料。三星的员工们不明白，李株彬很有能力，对李氏家族也是忠心耿耿，只是说了一句让李健熙不爱听的话就撤销他的职务，这样做似乎有些过了。可是，难道他的下台真的仅仅是因为李株彬说了一句“忤逆”的话吗？

撤销了李株彬秘书室长一职之后，李健熙立刻就破格提拔了三星内部没有任何人脉关系的玄明官，让他成为了秘书室的新任室长。玄明官没有任何人脉关系，在工作中就不会存在什么偏颇。而且，作为被会长重用的人才，玄明官这匹“千里马”肯定会对李健熙这位“伯乐”心存感激，定然会全心全意为李健熙服务。这也就意味着，李健熙在集权部门秘书室有了自己的心腹。李健熙一方面震住了主张“量经营”的高层们，又有了自己的心腹，使出“一石二鸟”之技，李健熙不可谓不高明。

随后，李健熙升迁了三星集团享受理事待遇的员工和260名副社长，调离了34名公司高管。这次调动所牵扯人员是三星集团成立以来最多的一次。

秘书室长李株彬的被撤离并没有解除秘书室的“危机”。李健熙对三星集团的内部机构进行调整，主要就集中在位高权重的秘书室。

秘书室在三星集团同会长、三星下属公司之间构成了一个权力支架。在李秉喆时期，秘书室就拥有很大的权力，过度的集权自然不利于三星集团的发展。这次李健熙对集团进行大调动，集权的秘书室必须要进行重组。

于是，在李健熙的深思熟虑之下，秘书室的经营组由原来的5个减少到3个，里面的成员也由原来的200名减少到100名。

同时，李健熙还重用了一批既懂管理又懂技术的复合型人才，对那些海外归来的国际型人才也给予了重任。这些都为公司注入了新鲜的活血，有利于公司的长远发展。

李健熙在三星集团中推行“技术经营”。在他看来，作为经营管理者，不能只懂得管理，不懂技术。如果产品出现问题，拿到你面前，你既要知道在管理中出现了什么问题，也要能清楚地看出产品技术方面的问题。这样，就不会出现管理者轻信技术人员而忽视技术从而导致产品质量方面出现问题。当管理者们在一起讨论时，大家也可以就技术层面发表意见，从而更有利于产品在技术方面的真正提升。

李健熙这次在人事方面的大调整，从内部革新了三星集团的原有架构。这一批被他委以重任的人员，后来便构成了李健熙三星王国的中坚力量，为三星集团一次次的飞跃做出了巨大的贡献。

亲自烧毁不合格产品

从 1993 年开始，李健熙就在三星集团内部重点强调产品的质量，并让所有的员工谨记：质量才是产品赢得市场的关键。

李健熙调整三星员工的工作时间，对三星内部进行大规模的人事调动，这三年来的锐意改革让三星集团发展很快，也取得了一定的成绩，这让李健熙对于再造三星充满了信心。

1996 年，三星电子生产出新款手机并将其投放到市场。在三星员工以为这一次努力之后就可以舒口气坐等成果的时候，消费者方面却纷纷投诉这款手机在质量上存在问题，不能使用。三星的员工对于这样的反馈不以为然。在他们看来，产品出现一两个问题实属正常，根本影响不了什么，生产了那么多产品能有几个有问题啊！

手机质量存在问题的消息传到了李健熙的耳朵里。

听到这个消息的李健熙很是吃惊，眼前就出现了自家地下室的实验室中琳琅满目的高科技产品。李健熙很疑惑：自“法兰克福宣言”发布以后，公司已经抛弃只抓产品数量的思路，紧抓产品质量。三年的时间，精心培养的“质经营”理念已经深入公司，可为什么现在还会在质量方面出现这样的重大失误?

1993 年美国大市场上三星产品在角落蒙尘，那份拍摄质量低劣的洗衣机视频和《福田报告》中犀利的文字等在变革的这三年来时刻都在提醒着李健熙紧抓质量，坚持“质量第一”。

李健熙对电子技术非常热爱，他自己也可以称为这个领域的专家。他深知，对于电子产品来说，质量至关重要。21 世纪将是科技时代，技术不过硬，质量不过关，对于一个企业来说无疑是致命伤。

李健熙不明白，说了那么多次要有危机意识，提醒了那么多次把好质量关，偌大的三星集团却还是认不清楚状况，还是会有不合格的产品出现。当年的事件难道还不能让大家感到羞耻吗?

质量之心赶着李健熙走，李健熙又带着质量之心赶着三星集团走。可是，这样的三星集团能走得了吗?

在飞往美国西雅图的飞机上，李健熙紧锁眉头，认真思索着三星集团的未来。

为了对得起父亲的遗言，为了实现自己的帝国梦想，坚决不能让那一批不合格的产品流到市场上去！否则会毁了整个三星集团!

烧毁 15 万部手机

李健熙握紧手中的手机，表情严肃，不似平常的模样。这让周围的陪同人员内心非常不安。

最后，李健熙拿起手中的手机打给了三星电子市场部的经理：“15 万部手机全部召回，所有成本由我们承担，以后决不能再生产这种产品!”

李健熙说的这些话让旁边的人感到震惊，也让电话那端的市场部经理震惊到无所适从。但他知道，会长说话从来都是说一不二的。于是，他快速地将命令下达出去，并忐忑地等待着李健熙的下一个命令。

然而，李健熙并没有立刻下达其他指示。可是这等待的过程就像即将被枪毙的死刑犯一样，让三星的员工感到很不安，很煎熬。

从美国回来之后，一到公司李健熙就将所有的公司高层召到生产手机的工厂后面的空地上。

被召集的三星集团高层心里很不安。从手机被召回的那天开始，他们都在预想着回来后的李健熙会有的大举动。现在把大家召在一起是要研究那批手机该怎样处理吗?

果不其然，李健熙命人将手机抬出来。15 万部手机被堆放在空地上，以小山般凛然的姿势看着所有的高管。

高管们都不知道李健熙的用意。难道是要烧毁这 15 万部手机吗?

高管们低着头，小声地讨论着。

“烧了它们!”

李健熙脱口而出的四个字让所有人都呆住了。虽然他们有所预感，但是，15 万部手机也不是一个小数目。烧毁意味着工人、研究人员、技术人员、策划人员、销售人员的努力不仅全白费了，还要给集团带来巨大的损失!

可是，谁都没有阻止李健熙的决定。当时的李健熙脸上没有丝毫表情，三星集团高层难以猜测他的心思。所谓“枪打出头鸟”。他们可不想自己的下场像 1993 年被撤职的秘书室长李株彬一样。而且，他们知道，他们也阻止不了!

在写着“三星公司从此要以优质产品打天下”的横幅下面，工人们开始了这个浩大的“工程”。

一阵阵刺耳的声音传入在场的每一个人的耳朵中和心中。

大家都低着头，蹙着眉，微倾着身体，好像这样做就可以与那声音和谐共处一样。

李健熙召回 15 万部手机的事情已经让全公司震惊，更何况还要将这 15 万部手机销毁！

大半天过去了，员工们停止了。

站着的高层们显然站得有些累了。

可是，这对李健熙来说还不够。

面无表情的他又命人点了一把火，成堆的手机碎片被投放在了烧起来的火里。

腾升起来的烟雾在空中飘散，几乎要埋过了在风中颤抖着的那条“三星公司从此要以优质产品打天下”的横幅。

火光、浓烟、难闻的味道和那焚烧起来的噼里啪啦的声音，在所有的高层的眼中、耳中堆积。很多人被这触目惊心的一幕惊呆了，有的脸色煞白，背后直冒冷汗。

站在最前方的李健熙被风吹乱了头发，藏在里面的白发窜了出来，可仍然目不转睛、面无表情地看着这一切的进行。

当李健熙面对着员工的心血就这样被无情地砸碎烧毁的场景，他在心中就没有一点不忍和心疼吗？

这都是心血，怎会不心疼?!

可是，在商场上，在日新月异的高科技社会，没有原则的“不忍”和“心疼”不会让你的企业发展壮大，不会帮助你成就商业帝国的梦想！

敲响质量的警钟

等这一切都进行完了之后，李健熙缓缓转过身来，眼睛在每一位高管的脸上停留。在他们的眼中，会长的眼睛比刚才那冲天的火光还要刺眼。

终于，李健熙开口说话了。

他一如既往地用不急不缓的语调说道："这就是 1993 年我所强调的质量吗？我们那么大的三星集团，技术人员哪去了？监管人员哪去了？怎么还能生产这样的产品！从今天焚烧手机开始，所有人必须把'质量第一'刻到心里去。没有质量，我们都无法生存！"

会长的每一个字都敲打在所有人的心上，大家第一次真正地意识到"质量"这两个字的存在和力量。每个人都在心里沉思：这该给三星集团造成多大的损失啊？如果当初真的把质量放在心上也就不会出现今天的状况了。

李健熙焚烧手机的这一举动让他损失了数十亿韩元。可是，这并没有什么，至少在他看来，如果三星集团从此以后能够真正举起质量的大旗，在欧美的市场上争得一席之地，这点损失，还真不算什么！

为了彻底杜绝不合格产品的出现，李健熙让员工把每件不合格的产品生产的全过程详尽记录下来，然后对失误的原因进行认真的分析，并找出不合格产品生成的缘由，充分认识到问题所在，并时刻警诫自己不要让类似情况出现。

成功的企业家对产品质量就是如此痴爱与看重。1985 年，我国海尔集团的张瑞敏将查出的 76 台问题冰箱砸毁。当时，他说："如果今天我允许这76台冰箱销售出去，明天就会有760台、7600台这样的冰箱出现。”于是，海尔集团成功了。

现在，李健熙一如同样。他决绝销毁15万部手机的事情震惊了韩国，让世界的企业家们都对韩国的李健熙竖起了拇指。试想，如果李健熙睁一只眼闭一只眼，三星新推出的产品就存在如此大的纰漏，他还怎么带着三星集团进军世界市场？

有这样一位注重质量有决心和魄力的领导培育和扶持，三星集团会不崛起吗？

改变才是硬道理

管理学大师彼得·德鲁克对21世纪的领导者提出如下要求：“成为一个能够应对变革的领导者才是上策。”而在李健熙的经营哲学中，三星集团要想在竞争激烈的国际市场上站得住脚，适时做出改变才是硬道理。

推崇改变的“木鸡”

从小就有“木鸡”绰号的李健熙并不是真正的木鸡。

他虽言语不多，但他想法很多，眼光很远。

作为一个成功的企业家，李健熙有着独特的商业眼光，他能根据世界的变化及时地做出有利于三星集团发展的改变。

李健熙强调改变，他在三星集团喊出了一个又一个的口号。然而，这些并不只是让三星集团士气大振的空口号。李健熙时刻带领着三星集团体味着改变的真理。自李健熙领导以来，三星集团一直在改变。十年前的三星集团和五年前的三星集团不一样，昨天的三星集团和今天的三星集团不一样。管理三星二十多年来，李健熙不断改变着三星，把不断变化着的三星集团呈现在世人面前。

李健熙在“三星共和国”的“宪法”——《三星新经营》一书中提出“改变先从我做起”的口号。所以，他才让三星员工改变自己的工作时间，真正地从“我”做起、从“每一天”的变化做起。

1993 年，在对三星实施真正变革的时候，李健熙在公司的会议上说：“我们离 21 世纪只有 7 年的时间，世纪之交将会使世界发生多少变革？走向 21 世纪的三星将如何立足世界？”

之所以要把这样一个严肃的问题抛出来，就是让员工意识到新世纪面前的任何改变不能再有等待。三星集团要好好地利用这 7 年的时间，在世纪转换时实现蜕变。

为了适应变化以做到成功地改变，李健熙在 1997 年于三星集团内部成立了战略应变小组。这个小组正如它的名字一样，主要工作也就是“变”和“应变”。这个小组中的成员都是世界著名学府出身的“天才”，他们有敏锐的观察力，可以很好地捕捉变化。他们也有着极强的思维能力，能够根据变化作出相应的决策。

推崇变革的李健熙深刻地意识到，“变”是世界的固有特征，也是一个企业的生存之道。从在韩国取得第一的成绩之后，三星集团就在固步自封，而三星的固步自封就等于是在自杀。

于是，从李健熙掌舵三星开始，“改变”一直以来都是他的经营哲学，变革始终贯穿其中。

改变造就世界一流企业

李健熙说："除了老婆、孩子，一切都要变!"

看到这句话，我们不用想就可以知道李健熙是在什么样的情况下爆出这句让人震惊的话的。

李健熙的这句话说得绝对，把三星集团的发展说得无路可退。可是，就是他的这句话诠释了世界市场的变化形态。在他看来，不做出改变，不要说进攻世界市场，就连韩国市场能不能守得住还是一个问题。三星集团到了不改不行的地步了。

1997 年以前，三星集团旗下的三星电子还要受制于索尼电子。还要从索尼电子那里购买芯片。对于电子产业来说，核心技术方面受制于人让自己很难会有大的发展。当时，李健熙把电子产业、通信产业作为核心产业发展，可是，核心技术没有突破，一味地需要外界提供，在激烈的竞争中，很容易就会受制于人。如果，索尼不再为三星提供芯片，三星电子就会有失败的可能。一直以来，李健熙都想打赢日本同行。他在心里告诉自己，为什么索尼行，三星集团就不行？为什么是日本的索尼成为了世界一流企业，而不是韩国的三星集团？

于是，李健熙积极地培养核心技术人员，加大电子产业核心技术方面的投资。有付出，才有回报，现在，三星在技术方面已经跃居世界顶尖级的位置，在世界市场上的受欢迎程度远远地超过了索尼电子，最终打败索尼，成为电视行业的新霸主。2003 年，在《商业周刊》评选的"IT 百强"中三星电子排名第三，成为 IT 行业的领跑者。一个原本落后的企业，现在却成为了领跑者，这真是一次了不起的飞跃。

现在的三星集团拥有强大的实力，在世界市场上赢得了赞誉，世界上很多企业都在研究三星崛起的秘诀。总而言之，三星成功的秘诀也就是“改变”。无论是面对失败，还是面对成功，李健熙寻求改变的思想始终如一。

其实，改变很难做到。人的惰性和对未知的恐惧，让人不安于现状的同时又不敢颠覆过去的自己。

老鹰为了生存击喙的故事我们都听过。这种世界上最长寿的鸟，长到40岁的时候，就必须面临一个选择：等死和新生。因为，老鹰逐渐老化的利爪会让它面临挨饿的风险；弯长的喙会严重影响它的进食；浓密的羽毛使它难以翱翔在高空。这个时候，老鹰要做的事情就是击打岩石将喙击掉，生长出新喙，然后用新长的喙将趾甲扯掉，然后再用趾甲将厚重的羽毛拔掉。这是一个痛苦的过程。但是，为了继续活下去，继续搏击长空，老鹰必须要这样做。

李健熙就是三星集团的“老鹰”。为了三星集团的发展，他必须学会告别过去。用他的话说，每次改变就像是从自己身上割肉。可是，无论过程多艰难，他都要进行。

李健熙追求革新的思想，让他成功了，实现了将三星集团发展成世界一流企业的豪言壮语。

他没有对三星食言，没有对韩国食言，没有对父亲和自己的理想食言。

三星集团的成功在向世人证明一件事情：对于企业来说，改变才是硬道理。

新经营运动的成果

1993 年到 1996 年，李健熙的“新经营”点亮了整个三星集团。相对于 1988 年隔靴搔痒的“二次创业”，李健熙这次的“新经营运动”从根本上改变了三星，为它成为世界一流企业加足了胜利的砝码。

“量经营”到“质经营”的转变

20 世纪八九十年代，众多韩国企业一味地追求数量，他们片面地认为，只要重视产品的数量就能占有一定的市场份额并从中获得利润。“数量第一”成为当时众多韩国企业的经营法则。

就产品的数量和质量谁更重要这个问题，中国的华硕总经理徐世明说过：“全世界没一个质量差、光靠价格便宜的产品能够长久地存活下来。”

而独具商业头脑的李健熙从三星产品在欧美市场上的失败案例中也充分认识到产品的质量才是企业取得市场的关键。只片面重视产品的数量，而忽视产品的质量，这就是为什么韩国企业走不进欧美市场的原因。

于是，李健熙从1993年开始紧抓质量，在三星集团倡导“质经营”。后来，焚烧15万部手机的事件也彻底地唤醒了整个三星集团员工的质量意识。

为了让员工将产品的质量放在心上，为了将“质量至上”的思想灌输到每一位员工的头脑中，李健熙把“质量至上”新思想录制成300个小时的录像带和750个小时的录音带的声像节目。这两个带子每天都在三星集团的走廊播放，时刻提醒员工。要知道，文化、理念对我们人的影响是潜移默化的。我们待在一个地方久了，身上就会沾染那种文化气息。听得多了，看得多了，就会朝着这个方面发展。就是在这样一个到处宣扬“质量至上”的环境中，三星员工也开始时刻重视起质量来。

从此以后，三星集团在生产各环节中将产品的质量始终放在第一位。

从“量经营”到“质经营”的转变，使得三星集团继续把控着信奉“数量第一”的韩国市场，其业绩让韩国的其他企业望尘莫及。

在世界市场上，三星产品也摇身一变。人们惊异地发现“三星”的标签也贴在了高档时尚的产品身上。欧美的其他企业看到三星集团的这一惊艳变身，纷纷研究它的蜕变。当年欧美市场上的跌倒者现在华丽丽地出现在了世人的面前。

李健熙管理三星集团数十年来，一直把“质经营”放在心上。他对产品高质量的要求，使得三星重塑了品牌形象，撕掉了贴在背后数十年之久的“低质量仿制品”的标签，其生产的电子产品在国际市场上赢得了众多消费者的青睐。

高度优化的产业链

在还未继任三星会长的时候，李健熙就认为三星集团在产业结构上存在问题。虽然，三星集团经过多年的努力获得了很大的发展，建成了较大的产业链，但作为一个大企业，三星集团并没有形成自己的核心产业。这样会很容易受制于市场，在弱肉强食的市场中处于劣势地位，必将不利于企业自身的长足发展。

李健熙在商业上的独特眼光让他精准地把握住了市场的产品走向。他清晰地认识到21世纪需要高科技。于是，在对三星集团进行改革的时候，李健熙特别注重调整三星的产业链，把高科技产品作为三星集团的核心产业去发展。这样，三星集团既能通过其他的产业获得较为稳定的利润，又能使集团在核心产业方面立于不败之地。

在李健熙的倡导下，三星集团的业务范围覆盖电子、金融保险、贸易与服务三大核心领域，在产业布局上，半导体、通信、数字多媒体、家电产业四辆“马车”并驾齐驱。

三星集团产业结构的优化，使得集团内部整体的竞争力得到了很大的提升，在新世纪成功转型。

“鲶鱼论”深入人心

1993年，李健熙在三星高管面前发表的众多演讲并没有白费工夫。他所说的每一句话都在提醒那些被成功冲昏了头脑的员工：危机总会在你不经意间来临！

三星集团从创立到发展壮大，经历了六十多年的风雨。这六十多年来，李秉喆一直保持着危机感，他从来也不敢在市场的洪流中放松警惕。到了李健熙时代，也许是他对市场的精确把握，加之敏感的商业神经，让他的危机感发展到更加偏执的地步。

李健熙在三星集团一直在倡导“鲶鱼理论”。他说：“如果将鲶鱼放到泥鳅池里面，泥鳅会长得更快、更健壮。因为它们只有保持高度的警惕，并不断地涌动，才能随时应对来自鲶鱼的攻击。”

李健熙在企业内部实行“新经营”的时候，就提醒员工三星集团处在生死存亡的时刻。当时的三星集团统领韩国市场，在国际市场上也占有一些份额，发展势头一派旺盛。李健熙说的那些话，让员工觉得有些夸张。在他们看来，这是领导者惯用的一种手段，为的是让他们好好地为集团卖命。然而，三星集团触目惊心的事实和李健熙慷慨激昂的种种言论，让员工们也开始感受到三星的危机。李健熙“新经营”政策实行以来，让员工们体会危机感带来的促使自我不断上进的好处。于是，三星的员工们在危机文化的影响下也开始习惯性地提醒着自己要保持高度的危机意识，在成绩面前依然不断地奋进。

1997年，亚洲金融危机到来，摧毁了很多成功的企业。三星集团也不例外，金融危机中的1700亿韩元的高额负债让三星集团压力很大，只得精简部门大量裁员。三星集团虽然在这次金融风暴中也受到一定的损失，但是，得益于之前的“新经营政策”，三星集团在危机过后稍加改革，就在2000年得到逆转，纯收入达到3.17万亿韩元。就这样，三星集团凭借着集团内部灵活的机制和优化的产业链，在这次风暴中逆风而上，在世界市场上崭露头角。

海尔的张瑞敏说：“一个伟大的企业，对待成就要永远战战兢兢，如履薄冰。”李健熙同张瑞敏一样，对待任何一个成就，他都如履薄冰。

2002年，美国《时代周刊》预测，三星电子将会在三年内超过世界最大的家电企业——索尼公司。这种预测对三星来说是一种认可和赞赏。索尼公司意味着什么？世界一流的企业！战胜它又意味着什么？三星集团开始真正地步入世界一流市场！然而，三星员工还没来得及为这种还未到来的荣誉喜不自胜，李健熙就开始用更为严格的“五条戒律”来规范员工。他说：“不要夸耀公司；不要参加其他公司的高尔夫球招待活动；不接受无缘无故的奖项；不需要过大的宣传；聚会时避免对公司的过多讨论。”李健熙的“五条戒律”竟然精确到了员工的生活方面，这似乎有些太过严苛。可是，李健熙这样做就是要三星集团的员工时刻都保持一种警觉心，准备应对下一个危机的到来。

李健熙“新经营”政策推行得很成功，让三星集团治愈了沉疴顽疾，走上了良性发展的道路。李健熙也因此真正地确立了自己在三星集团的地位。

三星的“第一主义”

三星集团的创始人李秉喆在创业时说：“要做就做第一，不然就退出!”

三星的第二任会长李健熙说：“第一名和第二名只有0.01秒的差距，但却是金牌和银牌的天壤之别。”

三星集团的两代人就是如此一致地强调“第一”。在三星，“第一主义”是员工普遍接受的企业文化。

“韩国第一”带来的病症

李健熙当上三星会长的时候，他就清楚地看到了三星的“大企业病”：在成绩面前过度自满。

三星集团经过李秉喆的努力，到20世纪80年代，三星集团已经发展壮大，成为韩国业内第一。对于一个民营企业来说，做到国家第一是件很不容易也很让人骄傲的事情。

当三星的员工陷入“韩国第一”的狂欢的时候，李健熙并没有被这样的成绩迷惑。对于刚刚登上会长之位的他来说，实在没有什么可以值得骄傲的。毕竟，成绩是来自已故父亲的领导。“韩国第一”并不能说明什么。毕竟韩国是一个小国，对手不是很强大，能够成为“世界第一”，超越那些世界一流的名企业，才是韩国企业值得骄傲的成就。在李健熙看来，他面临更大的挑战：带领三星成为世界第一。

在李健熙眼中，三星集团的员工们是一个个特别容易满足的井底之蛙。他们待在韩国一方小小的“井”里，用被局限了的眼光看被自己局限了的世界。对于韩国之外的世界市场，他们一无所知。整个三星集团的员工都沉浸在三星现有的成绩里跳不出来。

李健熙对三星上上下下的员工说：“别以为现在是韩国第一就感到自满。胜过国内的公司并不是真正的胜利。我最痛恨这种自傲、自满的心态。我们与世界一流水平之间的落差，就是过去十年来不上进的证据。”

在李健熙看来，“韩国第一”的骄傲自满、夜郎自大只会导致三星集团离世界一流水平越来越远。

李健熙的话掷地有声，一语惊醒了抱着“韩国第一”荣誉呼呼沉睡的三星员工。

终极目标是世界一流企业

仅仅使三星集团成为“韩国第一”的企业，这根本不是李健熙的目标。

对于充满野心与抱负的他来说，将三星集团变成世界一流企业才是最好的。

要做到这些，三星集团要在不断变幻的市场中在所有领域都做到第一，这才可以算是最佳状态。

李健熙用从父亲那里承袭下来的“第一主义”继续包裹着三星集团。

在上任的第二年，他就宣布要使三星集团成为世界一流的企业。为此，他展开了所谓的“二次创业”。1993 年，为了祛除三星的种种病症，李健熙又再次宣布要使三星集团所有领域做到第一，成为世界最先进、最好的企业。

作为行动派的李健熙继续实践他对三星集团许下的诺言。于是，他在集团实行“新经营”政策，改变三星集团员工的固有思维，让他们时刻树立“世界一流企业”的目标，将产品的质量、设计放在第一位去对待，时刻都要做到“质量第一”、“设计第一”。

任何事物都不可能是完美的。特别是对于一个涉足很多领域的大企业来说，李健熙不可能让所有的领域都在世界霸占第一的位置。当然，这也是一个非常不切实际的梦想。

李健熙清楚地认识到这种不实际的存在。于是，他就提出集中发展的战略。对三星集团目前在世界市场上处于优势地位的产业加强投资，这样，才会在更好的基础上做到第一；而那些在几年之后可能会为公司创造利润的产业也要投资，因为，对于这种存在潜在利润的企业，你不好说几年之后它给你带来的利润会有多大，或许它就是产业领域里的下一个第一。

李健熙的集中发展策略，让三星集团的产业链的优势发挥到最大，从而提高了三星集团整体的竞争力。在那些核心产业部门做到第一的同时，三星集团也发展到了世界一流企业的水平。

正是李健熙的“第一主义”，时刻强调第一的思想，让三星集团在世界企业的洪流中时刻保持清醒的头脑，保持不断进步的动力和闯劲。

设计决定“第一”

李健熙说：“三星要想成为世界第一，在质量和设计上也要成为第一。”他特意将1996年定为“设计革命之年”。在李健熙看来，设计和产品的质量同样重要，它们都决定了企业的“第一”。

强大的设计团队

李健熙在欧美各大市场看到贴上“三星生产”的产品被冷落，这幅场景让他深深地明白，这并不是大国对小国的歧视。与欧美同类型产品相比，三星生产的产品确实存在着很大的劣势，除了质量上的不过关，产品在外形设计上也缺少独特性，这很难在众多优质的产品中脱颖而出，吸引消费者的眼球。

我们在买东西时，总会被外形优美看起来高档的产品吸引住。在条件允许的情况下，我们会选择高档的产品，而不会去选看起来便宜的仿制品。而当时三星在产品设计方面的欠缺，让它在标榜高档时尚的欧美市场没有丝毫的竞争力，往往只看一眼就被消费者匆匆淘汰掉。

李健熙从这样的教训中深刻地认识到，三星不能再贴着“仿制品”的标签了，需要在设计上走出一条真正属于自己的道路，创造出独一无二的三星产品。

为了打造心目中的世界一流企业，李健熙积极地在产品设计上对三星员工提出高标准、严要求，让每个员工在生产中谨记“设计优先”的原则。

为此，他积极地组建三星集团的设计团队。

1994 年，李健熙派出 17 个核心干部，让他们到美国加利福尼亚州艺术设计中心学院学习。这 17 位三星干部师从国际顶尖设计师高登·布鲁斯和詹姆士·美和，从大师那里学到世界最顶尖的设计理论与技艺。

有了技术，还需要好的灵感。为了激发三星设计人员的创作灵感，李健熙还将设计人员派到埃及、巴黎、纽约等文化底蕴深厚的国家参观，让他们接触当地的特色文化，从这些特色中获得灵感。同时，为了让这些设计人员拥有较为开阔的眼界，跟上时代发展的潮流，李健熙还让他们考察时装商店、化妆品专业公司，让他们清晰地看到时代潮流的走向，以便让三星设计出来的产品在有内涵的同时又能抓住时代的潮流。

为了让三星集团在设计方面有三星的独特性，李健熙还在三星创建了“创新设计实验室”。该实验室是三星集团的内部学校，专门为三星集团的公司提供产品设计上的指导。三星集团的员工也可在业余时间学习设计，培养设计方面的感觉和眼光。这所“创新设计实验室”为三星提升设计水准做出了贡献。在那里诞生了许多三星产品的独特设计。而且，它还为三星输出了不少优秀的设计人才。

三星集团还与国际知名的帕森设计学院合作，创立三星美术设计学院，以激发三星员工的创意思维，为三星培养未来的设计人才。

据统计，自2000年开始，三星集团在设计上面的投入每年都在以20%～30%的速度增长。李健熙对于设计力量的扶持不仅壮大了集团内部的设计团队，也为三星的产品供应出源源不断的灵感，使得三星集团生产的产品在设计领域里获得了较高的评价。

二次设计革命

2005年4月，李健熙带领社长团参观意大利米兰的家具博览会。

意大利米兰是世界著名的设计中心。在那里，每年都会有让世人惊叹的设计作品出现。李健熙从博览会上学习了很多可贵的点子。从那么多的设计作品中，李健熙总结出：设计决定第一！

于是，回去之后，李健熙在米兰的四季酒店召开了战略会议，同会长团积极地讨论三星的设计问题。在会上，李健熙宣布三星集团要进行“二次设计革命”。

李健熙说：“三星的设计技术还相当欠缺，除了Anycall，其余的都不行。今后经营的核心工作不是质量，而是设计。”

于是，他重新确定三星集团“设计决定第一”的思想，确立三星集团设计道路上的独创风格。

三星集团设计出来的产品证明，李健熙“设计决定第一”的思想是正确的。

近年来，三星产品出人意料的设计风格受到全球消费者的喜爱。三星产品获得了18个由美国工业设计协会和美国《商业周刊》颁发的被誉为

"工业设计界的奥斯卡奖"的 IDEA 奖、26 个德国汉诺工业设计论坛颁发的 IF 奖、27 个由日本工业设计促进组织颁发的 G-Mark 优秀设计奖。世界上第一款珍珠白的手机、第一部挂在脖子上的手机、第一部监控人体生理节律的手机，全部都出自三星电子。

李健熙推崇产品设计上的独特用心让三星的产品终于获得了来自世界的赞誉。

与霸主苹果的专利大战

李健熙在产品设计方面的精益求精使得三星产品获得了很多的专利奖项，曾经被排斥的贴有"三星"标签的产品也随之得到欧美市场的认可。李健熙的努力没有白费，在他的带领下，三星集团确实如他改革时说的一样步入了世界一流企业的行列。

正如李健熙所信奉的一样：危机总会在你自认为是老大的时候出现。近年来，三星电子生产的手机在国际市场上的大获好评，让它与手机霸主苹果之间的竞争关系变得剑拔弩张。全球手机市场上，三星与苹果俨然已形成对战的姿势。

市场上的竞争让三星和苹果之间硝烟弥漫，可谁也没有想到在专利方面，两个巨头杠上了。

2011 年 4 月 15 日，苹果就侵权问题对三星提出诉讼；2014 年 4 月 21 日，三星在韩国、德国、日本就专利侵权事件反诉了苹果。媒体报道说，苹果起诉三星在诸如滑动解锁这样的触屏操作手势、按钮的类型、圆角之类的装饰性设计、可分辨式耳塞还是其他物体的耳机接口、同时呈现不透明和半透明的设计等方面有侵权行为；三星则对苹果在实现高速传输的数据压缩技术、通过高触感屏幕查看数字内容、存储和播放音频的方式、在同一个无线网络下传输多个任务的方式等设计方面起诉苹果存在侵权行为。

两个电子产业界的霸主，围绕侵权的问题展开了旷日持久的专利大战。

2012 年，在专利之战中，三星在美国败诉，赔偿苹果 1.2 亿美元。专利大战中，苹果胜利了。可有人认为，在这场战争中，很难说最后谁赢谁输。

中国的一位研究者说："无论是在专利纠纷还是在市场竞争上，三星与苹果都是业界的巨头，否则根本没有同台较量的资格。"

事实也确实如此！

三星侵权与否都在说明一个问题：三星的实力在爆发并逼近对手。

如果它在设计上没有实力，没有对苹果造成威胁，自然也就不会挑起所谓的专利之战了。

宣传是三星的重武器

在李健熙倡导的革新精神的指导下，三星集团将产品的质量、设计放在了首位。质量和设计护卫着三星集团，让它竞争力大增。而宣传对三星来说，则是它在商业战场上的武器。

李健熙管理三星以来，特别注重打造好宣传的武器。

TOP 赞助计划

关于三星产品的宣传策略，李健熙做足了功夫。

因为本身喜爱体育，李健熙对于赞助各种体育赛事独有钟情。

1987 年，当韩国汉城（首尔）举办奥运会时，作为韩国的一家大企业，李健熙紧紧地抓住了这一次良机，在奥运会上宣传三星的产品。通过这次奥运会，韩国的三星集团跃入了世界各国人民的眼中。外国其他品牌也开始对韩国这家企业关注起来。

1996 年，李健熙被选为国际奥委会委员，成为奥委会委员的他看重了奥运会这个重型宣传武器。李健熙表示说："要让三星品牌尽快成为家喻户晓的世界顶级品牌，TOP 赞助（奥运会顶级赞助）计划是最重要的一步。"

TOP 计划不是任何企业想实施就实施得了的。奥运顶级赞助商一定要是国际一流的企业，而且，计划需要大量的投资。从申请到计划、创意、产品、宣传方方面面都要做好，既要能贴合奥运精神和文化，又要能体现企业的理念。要做的事情很多，可是，奥运顶级赞助商的回报率却很高。因为，具有全球影响力的奥运会成为了企业宣传平台。来自世界各地的人只要看奥运会都能在赛场内外看到赞助商的产品。其他国家不说，就是举办过奥运会的国家肯定会记住提供赞助的外国企业。由此，奥运会的宣传力度不可小觑。

然而，李健熙的这个决定遭到了三星集团高层的反对。当时正值亚洲金融危机，三星集团在危机中已是负债累累。TOP 赞助计划实施起来需要大量的资金，这会给危机中的三星集团带来更沉重的压力。

即使有再多的人反对，有远见的李健熙始终认为奥运顶级赞助商会给三星集团带来更大的利润，是三星集团进入世界市场舞会的入场券。

于是，1997 年，三星集团用高额资金换来了 TOP 赞助商的资格。

自三星实行 TOP 计划以来，奥运会的赞助商队伍中，都没有少过三星集团的身影。

1998 年，三星赞助长野冬季奥运会，2000 年赞助悉尼奥运会，2002 年赞助盐城冬季奥运会，2004 年赞助雅典奥运会，2008 年赞助北京奥运会，2012 年伦敦奥运会又成为赞助商。其中，在 2002 年的奥运会中，李健熙花费 1300 万美元巨额赞助，为三星产品展开宣传。

如此巨大的数目让三星员工很难接受。虽然他们知道，TOP 计划的宣传力度是其他宣传活动难以比拟的。可是，1300 万美元是不是太多了，如果当时宣传不佳，这会是一笔巨大的损失。他们中也有人质疑李健熙的这种做法有和其他知名企业相互攀比的嫌疑。

就算是为了攀比，李健熙也攀比对了。事实证明，他的这种宣传决策是正确的。2000 年因为赞助悉尼奥运会，三星品牌的认知度从 5% 上升到了 16.2% 。而在 2008 年，北京奥运会上的大手笔，也让三星集团的宣传投入收到了明显回报，三星品牌的知名度大大地提高。

三星集团顶着奥运会顶级赞助商的头衔，和世界一大批一流企业共同活跃在奥运会的舞台上。就这样，李健熙在世界人民面前打响了三星品牌。

电视宣传

很多大企业在对品牌进行宣传的时候，都会选择电视作为宣传媒介。这种宣传媒介可以使人们在观看电视时就能清晰明了地知道产品的诸多特质，并在心中对所宣传的品牌建立一个完整的印象。

自从李健熙将三星集团的目标定位在世界一流企业后，三星集团更加注意在产品设计方面保持年轻、高端、时尚性。同时，在广告宣传方面也更注重贴合产品的设计和消费人群的需求。为了能让生产出来的产品快速地吸引消费者，三星集团特地请韩国当红的明星拍摄宣传广告，这些明星大多在亚洲乃至世界上都有很高的人气。

同时，他们的形象定位和三星的产品定位也基本一致。比如，2014 年，三星集团旗下的三星电子就请出了 2013 年在亚洲取得超高收视率和人气的青春偶像剧《来自星星的你》中的男女主角：全智贤和都敏俊。宣传广告中，两个人的气质显得简约而时尚，他们手中拿的三星最新款 Galaxy S 智能手机彰显出手机的高端时尚性，而简短的宣传广告拍得创意十足：手机可用水冲洗掉屏幕上用触屏笔写下的字；拍摄时可以将人和画上的蝴蝶结合在一起，成为美丽的蝴蝶精灵。

大名气的时尚演员、独特的手机设计、别出心裁的广告内容……这样的宣传方式很大程度上吸引了年轻消费者的注意力，让人对这个存在了 60 年之久的大企业依然保持饱满的新鲜感。

不仅如此，三星集团也作为很多影视剧的赞助商出现在韩剧中。

网上有人说："韩剧中，除了无穿越的古装剧，其他韩剧几乎都被三星产品占据了。"也有人说："韩剧就是在为三星做宣传。"

三星的产品就是这样充斥着韩国的市场。就像电视中需要出现钱一样，韩剧中需要出现三星产品。

前几年，三星在中国大陆畅销的青春偶像剧《原来是美男》中，也做足了宣传工作。而在另一部韩剧《幽灵》中，三星产品出现的频率更高。很多人批判韩剧中三星的这种插入式的商业广告，无孔不入让人厌烦，可是，这正是宣传的成功之处，因为大家都在精彩的电视剧里准确地辨认出手机、电视、吸尘器等产品的品牌。

在中国，提起韩国，我们首先想到的是韩剧。新世纪以来，韩国电视剧在亚洲市场尤其是中国市场赚得盆满钵满。韩剧在中国有着极大的市场，温情的虐心的搞笑的励志的，各种类型或题材的韩剧受到了中国一批又一批年轻人的追捧。三星乘着这股东风，也成为中国年轻人模仿剧中主角必不可少的道具，从这一方面说，三星还依靠着韩剧在中国的影响力提升了在中国市场的号召力。

韩剧中有韩国的产品是很正常的事情。可是，中国有些本土的电视剧也成了三星产品的天下，尤其是三星手机。有人说：“中国的国产手机太烂了，只得在电视中使用三星和苹果手机作为道具了。”2014 年上半年，热播的《步步惊情》中，所有的演员使用的都是三星的手机。在剧中，就连手机掉在地上，镜头都要对着三星手机定格上几秒。剧组如此卖力为三星作宣传，也是三星赞助的结果。

电视的宣传效果非常明显。因为喜爱一个演员和一部电视剧而购买三星产品的年轻消费者不在少数。通过电视的宣传，三星更是成了时尚的象征。

公益活动宣传

现代社会，很多名人会针对环境、教育、医疗、法制等方面做些公益活动。这些活动在向人们普及了相关知识以后，也让人们更好地认识了他们。对于他们背后的企业而言，也是一个很好的品牌宣传机会。

李健熙在韩国是一位非常注重人性道德内在美的企业家，他很注重一个企业带给社会的良性影响和正面作用。

为此，李健熙积极地推行三星集团的公益宣传活动。多年来，三星集团在多个地方展开社会公益活动。2011 年，三星集团还在全球范围内推出了“三星社会公益活动月”。

公益宣传的力度虽然不及电视宣传广泛，但是通过这一宣传可以提升企业的社会美誉度，将品牌深入到消费者心中。对于大企业三星集团来说，这些公益活动无疑是成功的——在塑造了良好的企业形象的同时，还将三星的品牌推广到四面八方。

一个好的产品即便被生产出来，可是，如果宣传方式不佳，宣传力度不够，再好的产品同样也会销售不好。在李健熙看来，在质量、技术、设计都有所保证的情况下，宣传就是临门一脚，少了好的宣传同样意味着失败。

变在一时并不难，但难在坚持

李健熙在三星集团一直在倡导变革。

对于改变，李健熙认为：“做到一次性的变化并不难，但贵在坚持。我们每天都要坚持进行一点一滴的变化，绝对不能回头。”

就像他自己说的这样。从力主将半导体引进到三星集团，改变三星的产业结构开始，李健熙对三星开展了一系列的“手术”。

他让三星员工的思想从世界二三流企业的定位中走出来，重新确立世界一流企业的目标。然后又改变了员工的工作时间，唤醒了在危机中沉睡的三星员工。

而后，李健熙又实施了“新经营”政策，改变一直就存在于员工心中的“数量第一”的生产理念，让“质量至上”深入人心。

后来，他又对三星产业结构和人事结构重新进行调整……这些改革，都在印证着他不断变革的思想。

1997 年，亚洲金融危机使韩国的众多企业面临生死存亡的时刻。三星集团也受到波及，最严重时负债达到 180 亿美元。偌大的三星面临倒闭的危险。

李健熙并没有在这次危机中乱了阵脚。在他看来，危机面前，只有两种选择：要么改变，要么灭亡！

于是，他果断地采取对策，继续对公司的经营体制进行变革。他精简了三星集团30%的机构，把投资规模缩减了30%。

1998年7月下半旬，李健熙又召开高管会议，对三星企业结构进行大幅度的调整。

至此，李健熙在集团内部推行了两年多的变革，终于使三星集团摆脱了危机，置之死地而后生，使三星集团在新世纪实现了新的飞跃。

2006年，三星夺走了索尼在电子市场的不少份额。一直以来，三星都把索尼当作追赶的目标。追逐了那么多年，终于打败了这个强硬的对手，这对三星集团来说，是一个历史性的伟大时刻。然而，李健熙并没有满足于三星取得的成绩，他说："我们要走的路还很长。现在应该向伟大的明天发起挑战。让我们再一次掀起革新之风，通过三星的产品和服务让生活变得更加充实，进而造福人类社会。"

2010年，三星电子成为世界上最大的存储芯片和平板电视屏幕制造商、全球第二大手机生产商。李健熙从三星取得的成绩中看到了危机，他预测三星现在的业务优势会在10年内消失。为了避免这种情况的发生，李健熙再次宣布要调整三星集团的产业结构。他说："三星要在可再生能源和医疗保健方面进行投资，将集团未来业务的发展方向放在太阳能电池、用于混合动力汽车的可充电电池、发光二极管技术、生物制药和医疗器械等五个方面。"

近年来，三星电子迅速发展，成为全球最大的智能手机和电视机厂商。面对这一情况，李健熙又说："我们需要再次改变。我们必须加大创新力度，包括企业构架方面，从而领导行业趋势。"他向三星的员工表示，应当改变思维方式，不应该仅仅专注于硬件方面。

无论是三星集团处在危机时刻，还是平稳的发展时期，李健熙一如既往地强调改变。在改革之路上，他根本停不下脚步。他在革新道路中所表现出来的偏执和坚毅将使得三星集团越走越稳，也越走越远。

一位天才可以养活数百万人

关于天才的炼成，爱因斯坦曾经说过："天才是99%的汗水加上1%的灵感。"而关于天才带来的价值，李健熙这样说："一位天才可以养活数百万人。"

他自己就是位天才

一位天才可以养活数百万人。

当这句话从李健熙口中说出，人们不免会将"天才"同他联系起来。

说一个企业家是天才，或许会有很多人不赞同这样的说法。毕竟，在众人的眼中，所谓的天才要有爱因斯坦的脑子，更要有他那样的贡献。但是，对于韩国人来说，李健熙就是一位天才。如果非要这样说，那他就是韩国商业界的"爱因斯坦"，既有非凡的商业才能，又有巨大的社会贡献。

作为韩国的"经济总统"，又是富商家庭出身，李健熙从小就受到父亲的影响，又加之自身的努力，造就了他商业上的独特才能。他在商业上的远见卓识，自成一套的管理思路，对人才的善加利用，这些都成就了他在商业界的神话。

李健熙在商业上面的非凡才能，一直是世界上的很多企业家们学习的样板。对于李健熙这样的人物来说，他将一个籍籍无名的企业发展成世界一流企业，不仅带动了整个韩国经济的发展，还推动了现代技术的变革。

对于三星这样的世界级企业来说，如果说它的管理者是一个平庸的人，在商业、管理方面没有突出的才能，任谁都不会相信。

李健熙是一个多方面发展的人才。他作为商业天才，大家都知道，而他在电子技术方面的才能，却很少有人知道。

一直以来，李健熙都对技术表现出极大的热情。

为了让三星集团朝着更好的方向发展，李健熙需要随时比照对手，以给自己更好的坐标认清自己。于是，他特别关注更新产品的技术。他为了找出三星的电子产品和世界一流企业之间的差距，常常一个人在房间里对着满目皆是的尖端科技品细细地研究它的尖端之处。于是，在不断的拆卸、查阅资料过程中，李健熙成了一位电子技术方面的天才。当公司在技术方面遇到问题时，他不是技术专家眼中的门外汉，他能够很好地参与到技术的讨论中，提出自己在产品技术方面的意见，让大家对这位管理者心生佩服。

除此之外，李健熙还有一项才能，就是看人识人的眼光。关于这，还有一个故事。

在李健熙上高中时，父亲李秉喆要辞退三星集团的一个干部，李健熙知道了却极力反对父亲的做法。后来，李秉喆答应了李健熙，让那人恢复了职位。李健熙的高中同学对这件事情很是好奇，问他反对的原因。还是毛头小伙子的李健熙说了一句很搞笑的话：“因为我懂人。”果然，这个干部后来为三星做出了突出的贡献。

作为管理者，识人用人很是重要。李健熙在年轻时就能有这样的眼光，实在难得。

一个人可以养活数百万人。这样说，或许有人会觉得不可思议。就是这样，一位天才为社会创造出来的财富远远超出人们的想象。

李健熙也确实运用自己的才能养活了数百万的人。

三星集团的员工遍布全球的很多地方，有三十多万人之多。李健熙领导的三星集团为这些人提供了工作机会，让他们的能力得到了施展，还顺带着养活了三十多万个家庭。

而三星集团每年贡献给韩国政府20%的GDP。从这点来分析，他又养活了多少韩国人呢?

才能巨大，贡献巨大，李健熙符合他所谓的天才的概念。在韩国人心目中，他就是一位天才。

李健熙的“天才观”

关于天才，李健熙还曾说：“只是学习好，考试总能考一百分的人，不能称为天才。所谓天才，应该是指各方面都突出的人，既善于玩，又善于学，还要具有出色的创造力。简单来说，就是像比尔·盖茨那样的人。”

很多人分不清“天才”和“人才”的区别。李健熙说：“‘天才’是看见马车就会萌发制造汽车的想法，‘人才’往往会把这一想法同交易和经营联系起来。”

可是，论起所谓的“天才”，在世界上能有多少个爱因斯坦、牛顿、比尔·盖茨的出现？

在商界，很多人都觉得李健熙就是盖茨那样的人，只因他非凡的商业才能，才可以带领三星获得今天这样的成就。

然而，作为天才的他却时刻希望为三星集团找到更多的“天才”。

可是，“人才”易得，“天才”难求。

李健熙也明白这个道理。在他的“天才论”中，“天才”是他最为渴望寻到的，是一种目标。为此，李健熙一方面为三星寻找着真正的“天才”，另一方面将三星的发展希望寄托在那些优秀的“人才”身上。

李健熙将他的“天才观”运用到三星集团的用人管理方面。他善于任用那些在多方面有才能的复合型人才，尤其是对于公司经营管理者的任用，李健熙就提出更高的要求：作为管理者，不仅要懂管理，还要懂得核心的技术，将管理和技术结合起来。一个人能在多个方面有专长，这对企业来说很重要。

在李健熙的“天才观”中还有一个重要因素，那就是技术。

一直以来，李健熙都格外强调产品的质量，强调公司核心技术的竞争力。在他看来，三星集团只有在核心技术方面有实力才会具有强大的竞争力，才能在激烈的市场竞争中取胜。所以，他特别看重技术人才。

在李健熙看来，企业的发展是由技术天才推动的，技术人员为企业做出的贡献远远高于其他的工作人员。为了能将“技术天才”吸引到三星集团，为三星的长足发展做出贡献，李健熙还到海外寻找“技术天才”。

李健熙的“天才观”深深影响到三星的发展，使得三星像磁力巨大的吸铁石一样吸引了很多人才。他们在很多方面都很优秀，为三星集团的发展贡献了自己的力量，用自己的智慧“盘”活了三星集团。

李健熙的人才观

一个企业的成功不是个人力量的结果。作为一个集团，人才是关键。

成功的企业家都有一套自己的人才观。

中国香港商人李嘉诚说："善集众人智慧于一身者，方能成大事、做巨人。不是老板养活员工，而是员工养活了整个公司，公司应该多谢他们才是。"

作为韩国首富，一个成功的企业家，李健熙对人才也同样重视，他说："三星靠什么发展？为了迎接未来，需要及早做好哪些准备？三星要想快速地走向世界，需要些什么？我们的做法应该是：在世界各地、各个领域里开辟技术研发地，打破国籍和领域的限制，全力招揽人才。一位天才可以养活10万到20万人。"

李健熙的人才观让他像磁铁一样，为三星吸住了大批优秀的人才。

人才需要满足四个条件

李健熙非常重视人才，为三星集团选拔人才是大事，他的要求自然很高。

李健熙认为，在充满危机的21世纪，人才很重要。21世纪是比拼知识、高科技、创新的世纪，在这个时代，人才也要具备诸多条件。

第一，创新。在这个时代创新很重要。现代社会新陈代谢很快，一个产品即使质量再好，如果不跟着时代走，没有创新，它依然是劣质品。在这个条件下，李健熙就要求三星的人才要有创新的头脑、开阔的思维以及时刻变革的危机意识。

第二，学习。李健熙认为，现代社会，任何东西都在改变。一个人只有拥有强大的学习能力和不断学习的上进心，才能随着时代不断地进步。

第三，国际视野。人要有开阔的眼光。三星集团走的是国际化的道路。李健熙要求三星的员工要有国际性的视野。这样，才能设计出国际性的产品，才能推动三星继续走在国际化的道路上。

第四，社会责任感。作为一个有社会责任感的企业家，李健熙看中人才的品德。一个人如果品德不好，即使他拥有再大的才能，他也不会对社会做出贡献。三星需要的人才要德才兼备，是要有充分社会责任感的社会型人才。

李健熙将这四个条件作为三星集团选择人才的标准。他认为，只有在这四个标尺下选择出来的人才才会推动三星的发展，为三星做出贡献。

在这个基础上，李健熙特别青睐T型人才。

所谓T型人才，就是指不仅精通自己的专业领域，还对其他的领域有很大程度的了解，拥有立体思维，眼光独特，洞察先机，具有创新意识，能够适应国家环境变化的复合型的人才。

这类人才不仅有能力，还有奉献精神，对企业、对社会都有极大的热情。

在李健熙看来，三星集团需要且缺乏T型人才。于是，他命人到世界各地去寻找这种人才。

疑人不用，用人不疑

“疑人不用，用人不疑”，在这一点上，三星两代领导人如出一辙。

李秉喆时期，只要他选定合适的社长人员，他就会给他充分的权力，事无巨细，都由这位社长负责，李秉喆很少过问。对于李秉喆来说，既然把权力交给了员工，就要充分相信他能做好。否则，就不必任用他。

比起李秉喆，李健熙更加相信“疑人不用，用人不疑”的道理。

他非常相信自己选出来的员工的能力，他说：“三星的首席执行官的能力和资质，比任何先进的首席执行官还要优秀。只要我提出大方向，各公司具备专业能力的总经理会自动完成，而且会完成得很好。”

只要委以重任，李健熙就会充分授权。

在法兰克福会议上因“茶匙事件”被撤掉的秘书室长李株彬被李健熙分配到经营现场工作。可是，能成为秘书室长，李株彬定是个人才。李健熙考虑到李株彬的才能，自然不能把一个人才放在底层。于是，李健熙又一步步地提拔他，让他成为了三星金融关联企业的总经理，并给他充分的权力和空间让他发挥自己的能力。

在三星集团，员工进行谈判的时候，无论他处在什么位置，有多大的权力，只要是他认为时机恰当、条件合适，他都可以在合同书上签字。

正是李健熙坚持这种用人原则，让三星集团的员工积极性很高，在承受着巨大责任的情况下，不断提高自己的能力，因为他们知道“多大的权力就意味着多大的责任”！

不可忽视的女性力量

纵观全球商界，成功的企业家中，有女性，但是和庞大的男性队伍相比，那点儿人简直可以忽略。

在李健熙的人才观中，女性人才不可忽视。

李健熙说："21 世纪是一个创意、感性的时代，如果由女性的感性和细致管理社会，那么在风险企业和 IT 企业中成功的女企业家能够引领潜力产业蓬勃发展。"

实行新经营政策以后，李健熙在三星集团多次强调要消除"性别歧视"，改变这种传统的错误思想，女性人才的力量对三星集团也很重要。

一直以来，女性被看作弱势群体。因此，在职场上，女性受到歧视的同时又得到了特别的照顾。李健熙表示，他在三星集团重用女性人才并不是出于特别照顾女性的心理，而是为了公司的生存。在他看来，女性人才同男性人才一样，对企业至关重要。任何歧视女性，不重视女性人才的企业都很难有长足的发展。

因为李健熙的强调，三星集团对女性员工也格外重视。

为此，三星集团在招聘、待遇、升迁方面不再像韩国其他企业那样设置障碍，反而给予她们足够的机会施展自己的才能。

三星 SDS 网络服务推进事业部负责人是著名女性讲师尹心，她在公司发挥了重大的作用；2003 年李婷敏直接晋升为候补常务并出任意大利米兰的第一毛织设计中心的总指挥……这些女性人才同三星集团的男性人才一样，成为了三星集团的中坚力量。

2011 年 2 月，在前任会长李秉喆诞辰 100 周年的纪念大会上，李健熙的女儿们出现在韩国民众的视野中。有人会说，作为李健熙的子女，为了保证李氏江山的稳固，她们必然是会出现在三星集团的。话虽如此，我们依旧不能忽视的一点是，三星集团的女性人才力量在渐渐壮大，成为三星人才结构中必不可少的一个组成部分。

中国的现代职场有不少强势女性，人称“女强人”。然而，在人们的眼中，即使是女强人，“强人”的前面还是放了个“女”字。不少企业家深受中国传统思想的影响，认为只要是女性最终都会回归家庭，当起相夫教子的贤妻良母。很多企业招聘中给女性设置门坎，就算有幸通过门坎，也会在升职中受到障碍，更会因为家庭生活而遭到无情的淘汰。可是，正如李健熙的人才观所示，女性人才不能忽视。这一点上，中国企业也需要有这样的认识：不排斥性别，只排斥没才。相信女性，给予她们足够的发展空间，她们会带给你不同于男性人才的成绩。

人才需要培养

三星集团对于韩国人来说，不仅是一个人才宝库，还是一所培养人才的学校。

三星前会长李秉喆说：“我把我一生 80% 的时间都用在育人选贤上了。当我看到我培养的人才成长起来，崭露头角，创造出优秀的业绩时，我的感谢、兴奋的心情便油然而生。”

接管三星集团的李健熙对于人才的培养更是重视。在他看来，人才有很强的可塑性。三星集团吸引人才是关键，可是也要注重培养人才。

为此，李健熙在三星推行“地域专家培训制度”，也就是三星每年都要派员工到国外不同的地方进行考察、学习。在开阔他们眼界的同时，让他们学习不同企业的管理和经营，以成长为一个具有国际眼光的人才。

三星集团还设立了多所内部学校，最著名的是成立于1993年的“CEO（高级行政学校）”。该学校培养集团的高层，让集团的经理们接受为期半年的教育，一半时间在韩国，一半时间在国外。他们既在韩国特定的环境中学习，也学习和国际接轨。据说，李健熙下达命令，禁止学校的“学生”在国外享受，让他们像真正的学生一样每一天都战战兢兢，每一天都有所学习。

中国企业也比较重视人才的培养，很多企业都组织员工去国外学习。但是，和三星集团相比，还是有一定的距离的。

吸引人才固然重要，但也要注重培养人才，培养和自己企业文化、管理相符合的人才。

李健熙的经营理念

三星集团的网站上写着三句话："以技术和人才为基础，创造最佳产品和服务，为人类社会做出贡献。"这就是三星集团的宗旨和理念。

三星集团第一任会长李秉喆把"发挥个人潜力，服务本国经济"作为他的经营理念，领导着三星集团。

作为三星的第二任会长，李健熙也一直把父亲的经营理念放在心中，将其发展融合成简短的五个字："人、技术、未来。"

"人、技术、未来"的经营理念就是李健熙成功的法宝。

以人为本

在李健熙的经营理念中，他将"人"放在了首位。在管理三星时，他时刻坚持"以人为本"的思想。

李健熙的人本思想体现在三个方面：人才、消费者、设计。

李健熙在管理中充分重视人才，他主张"人才第一"。他认为，一名优秀的人才可以养活十万人，一名围棋九段的高手可以抵过十名围棋一段棋手。

正是这种对人才价值力量的高度评价，让李健熙积极地为三星集团网罗人才。为了壮大三星集团的智囊团，李健熙还从国外引进先进的人才，给三星集团注入新鲜的血液。

对于这些优秀人才，李健熙给予最好的待遇和合适的岗位，让他们感受到自己的价值发挥在了对的地方。

正是李健熙这种求贤若渴的心态，让他身边围绕了大量的人才。有了这些人才的共同努力，三星集团才创造了辉煌。

除了对内部人才的重视，李健熙还强调，三星集团要把消费者的需求放在第一位，为消费者提供一流的产品和服务。

在重塑三星品牌时，李健熙重新定位消费者群，根据消费者的不同特点生产出适合不同年龄阶段的产品。同时，李健熙还重视消费者使用产品后反馈过来的信息。当年消费者反映手机质量存在问题而销毁手机的事件，就是李健熙高度重视产品质量的体现，从另一方面也反映了李健熙对消费者需求的高度重视。

李健熙重视消费者，以消费者需求为产品生产的基础，使得三星生产出来的产品赢得了众多消费者的心。

另外，李健熙的人本主义思想还体现在产品的设计上。李健熙坚持设计第一——在其他条件都相同的情况下，产品在设计方面出彩才能出奇制胜。

有一个很典型的案例。李健熙对三星电器的遥控器很不满意，他觉得遥控器在设计上面过于复杂，让人握在手里不是很舒服，且繁琐的设计让上了年纪的人不易观看。于是，李健熙提出遥控器要设计得舒服简洁，只保有启动和关闭两次功能最好。在李健熙看来，产品的设计要人性化，时刻考虑消费者使用的舒适感。

李健熙以“人”为主的经营理念，给很多企业带来启示：不要只片面地考虑利润，从“人”出发，再回归到“人”，这才是最重要的。

根植技术经营

李健熙说：“三星能有今天，我想是因为有技术作为后盾。虽然，今天我们和世界一流企业之间都共同开发技术也共同行销，但是在早期别说是技术指导，就连花钱买技术都不容易。再加上当时的韩国经营者总认为技术工作者只是工匠，并不怎么放在眼里，我只好站出来，就像对待客户一样，诚恳地向日本或美国的技术工作者一点一点地请教。只要一有空，我就会到先进的国家学习，向技术人员请教，再传授给我们的技术人员。”

作为一个对技术有着偏爱的领导者，他深知技术带给企业的是什么。

从 1993 年开始，李健熙就在三星集团组织“世界第一品评会”。这个品评会的举办目的就是将世界第一的产品同三星生产的产品相比较，看出彼此间的差距，找出技术上面落后的原因。

李健熙进入三星集团以后就提倡技术经营。他认为，作为经营者光重视技术还不够，还要重视“根植技术经营”理念的实际操作。也就是说，技术人员既要精通技术也要了解经营；经营管理者不仅会经营会管理，还要懂技术。就这一点来说，李健熙自身就做得很好。他不是仅仅喜爱技术，在技术方面也堪称专家。

李健熙的这种理念使得多年之后三星不同职位的员工对技术都有一定的了解，技术方面的上下齐心成就了三星集团。

韩国人的未来

有人评价说，李健熙是一位有社会责任感的企业家。

虽然都是从事商业活动，但是商人和企业家有很大的区别。这种区别不仅体现在生意的规模上，还体现在社会责任感的大小上。

李健熙是一个企业家，在韩国人眼中，更是一个伟大的企业家。

对于李健熙来说，他领导的三星集团不是只为他一个人创造财富，而是给整个韩国民众创造财富。

同父亲李秉喆一样，李健熙在经营中特别重视对社会的贡献。李健熙认为，三星集团是韩国的三星，那他就要用三星创造的财富回报社会。李健熙曾规划“退休者重健计划”，该计划就是让那些退休的老人能够再次投入到社会的经济活动中，让他们再次接受教育，为他们介绍适合他们现况的工作。

在他看来，三星集团承载着李氏家族的希望和未来，也承载着韩国的希望和未来。三星规模的日益扩大，带动了整个韩国经济的发展。三星集团走向世界后，代表的不仅仅是三星，更多的是在代表整个韩国，让那些大国家看看这个小国家的创造力。

正是拥有重视人，重视技术，重视社会贡献的经营理念，三星集团才成长为世界一流的企业。

李健熙的管理方式

虽然李健熙在管理三星方面有过失败，也曾出过“昏招”。但是，能把一个小企业变成一家著名的大型跨国企业，李健熙无疑是成功的。他在管理企业方面的招数虽然不一定适合别的企业，但是也值得企业家们学习和借鉴。

帝王式的集权制管理

韩国的大家族企业大多都采用这种集权制的管理方法。

作为韩国最大的家族企业，三星集团的成功也的确得益于这种管理方法。

为了方便家族企业的管理，李秉喆掌权时期就采取这种集权制的管理，而这种管理方法达到顶峰是在李健熙时期。

李健熙是一个强硬的领导，他强硬的领导手段成就了三星集团令人震惊的成绩。李健熙虽不爱出现在集团内部，但这个霸道“君王”的威严时刻都在。

李健熙的子女在三星集团中占有要职，掌握一定的股份。但是，李氏家族对三星集团下属企业持有的股份并不多，而这丝毫不影响李健熙对三星集团的控制。

三星集团有很多下属企业，这些下属企业实行股份制的管理。但是，真正的上市公司并不多。李健熙为了方便对子公司的管理，在各子公司之间实行交叉持股以保持利益。

李健熙在三星集团的决策机构上实行“会长—结构调整部—子公司”的铁三角模式。在这个模式中，子公司要受制于会长和结构调整部，而结构调整部受制于会长。最后，李健熙在这决策机制中处于最顶尖的位置。

就是通过子公司交叉控制相互牵制，以及铁三角的决策机制，再加上拥有一大批集团内部的忠诚将领，李健熙就轻而易举地将集团控制在了自己的手中。

在三星员工看来，三星集团的这种围绕着会长李健熙的集权制管理，等级森严，虽然大家会有怨言，但是集权制管理也为三星集团的发展带来了不少好处：令行禁止，执行速度快，效率极高等。

未雨绸缪的危机式管理

苹果和三星这两个手机巨头，在全球市场上进行着激烈的争夺。有人说，苹果是技术上的天才设计师，三星则是一位绝顶聪明的商人。

进入新世纪，三星集团迅速崛起，并同苹果相抗衡。这些，都得归功于三星集团背后聪明绝顶的商人——李健熙。

自管理三星以来，李健熙就以一种神经质的危机意识统领着三星集团。他时刻都在向三星员工灌输着“危机就在眼前”的意识。

2010年，复出后的李健熙预计三星的大多数产品将在10年内消失。随后，三星集团进入紧急备战状态，三星高管厉行减薪，三星员工减少了海外出差次数。李健熙希望借此能让三星员工意识到危机的存在，从而不断鞭策自己积极创新，不断进步。

2013年4月，李健熙结束七天的长途旅行回到韩国。在接受媒体采访时，这位已经年迈的老人由随行人员搀扶着。因为上了年纪的缘故，李健熙的身材显得更加矮小，头发花白，声音也不似以前洪亮，变得更加低沉。可是，面对媒体，李健熙依然同年轻时一样保持着热情，开口即谈三星集团的危机。他对记者说：“每个人都应有危机意识，且应跑得比别人快，努力学习，磨炼洞察力。”从开始领导三星，李健熙就将危机挂在嘴边，到了现在，三星集团一派辉煌、如日中天的时候，这位“危机领导者”仍不忘他那带领三星走过二十多年的危机理论。

李健熙时刻都挂在嘴边的危机理论，让三星集团的员工在任何时候都保持高警惕，居安思危，不为一点点的成绩沾沾自喜，始终在不断攀爬的路上。

为了提升员工的危机意识，李健熙经常在会议中突然对三星集团的高管提问，不鞭辟入里，随随便便给出的答案根本无法过李健熙的关。于是，会议在场的员工经常会看到一个或几个经理被李健熙突如其来的问题问得抓耳挠腮。而这个时候，李健熙便会叮嘱员工：必须要更及时、更迅速地掌握市场的种种趋势与变化，并尽快找出应对的策略。李健熙的叮嘱不是为了让员工应付他的问题，而是做好时刻都有问题发生的准备，并积极用自己的知识和经验使之得到解决。

李健熙的这种危机式管理使得三星集团在变得更好的路上，超越索尼，并与苹果相抗衡。试想，如果没有李健熙的危机式管理，三星集团或许在1997年的亚洲金融危机中消失了，也就不会有现在的这个如此强大，让苹果都不敢放松警惕的三星集团。

分类式和破格式的人才管理

李健熙的人才观影响到他的管理技巧上，他对三星聚拢过来的人才实施分类式、破格式的管理方式。

李健熙将人才队伍按照三个标准分类管理，分别是S、H、A三个等级。

S型的人才是最为高级的人才，这类人才各方面能力都很突出，是三星集团发展的带头人。对于这种人才，李健熙给予高度的重视，待遇、薪资方面都给到了最高。

相对于S型人才，H型人才能力稍弱。但是，这类人才有很强的学习能力，在工作中有很大的潜力，给予其适当的刺激，会让他出意想不到的成绩。这类人才多多培养，日后会上升为S型人才。对于这类人才，李健熙也对其高度重视，激发他们的潜力。

最低等级的A型人才，也是最不容忽视的一种人才。这种人才在能力上比不上H型和S型人才，但是只要着力培养，会成为H型人才，并且可能会向S型人才转变。李健熙认为，对这类人才进行培养的时候不要操之过急，要给他们足够的学习和实践的机会，适时发挥潜能。

在人才的晋升道路上，三星集团有一套晋升标准。

或许是太过于求贤若渴了，李健熙发现人才时会欣喜若狂。只要是他想要的人才，他可以不顾公司的制度，立马重用，让他即刻为三星集团服务。

虽然，李健熙在管理中有过失败，也有人称他为失败的管理者。然而，没有人可以否认，他自成一套的管理方法是适合三星的。

Chapter 4

引咎辞职

为错误决策承担
责任的 CEO

SAMSUNG

李健熙缔造了三星帝国，中国的众多企业家纷纷向他学习，立誓要打造“中国的三星”。作为神人一般存在的李健熙，无疑已经成为人们膜拜的偶像。然而，李健熙管理三星的道路并不是一帆风顺的。他曾经被评为“失败的管理者”，受到众人的指责。

众矢之的

20 世纪 90 年代，李健熙领导三星改革初尝成功的滋味。他又高瞻远瞩，推行三星的另一个计划。然而，在这个过程中，李健熙得到的支持声音甚少；计划实施后，他得到的责骂声却甚多。

究竟是一个什么样的决策，让这个管理天才成为众矢之的？

冒失地向汽车行业进军

20 世纪 90 年代，是李健熙改革三星集团的黄金时期。李健熙目标远大，斗志昂扬，立誓要将三星集团推向世界。

那个时候，作为韩国多个行业的领军者，三星集团在众多行业的发展势头一派强劲。三星集团在汽车行业也有投资，只不过这仅仅集中在电动车和卡车上，在人们的出行代步工具——小汽车上却没有任何作为。三星在汽车行业上的投资与在其他产业上的投资相比简直微乎其微，其生产品种的单一甚至根本不能说是汽车产业。

李健熙一直都坚信大企业应该有大制造。三星集团发展到当时并没有在“大制造”上有什么大动作。仅仅靠小制作，在李健熙看来，在业绩和发展上都会有所限制，再加上本身对汽车的热爱，李健熙认为，三星集团没有在汽车行业有所发展着实是一个遗憾。

于是，李健熙要弥补这种遗憾。他将三星集团新的产业发展方向定位在了汽车行业。

在三星集团高层的会议上，李健熙坐在会长的位置上，对在座的所有高层说：“为了国家利益我们即将推出三星汽车。既然我们在（20 世纪）70 年代和（20 世纪）80 年代分别以电子产品和半导体推动了国家的发展，那么（20 世纪）90 年代我们当然以汽车工业来领导国民经济。”

李健熙顿了顿，继续用高昂的声调说：“我宣布三星集团要大举进攻汽车行业，制造三星汽车。”

李健熙宣布完这个消息，密切关注着在座高管的反应。此时，三星集团高管有的低头沉思，有的姿势保持不变，但神情若有所思。

“难道，没有人有什么反对意见吗？”李健熙语气虽缓慢，可是从中依然流露出微微的生气。

具有敏锐观察力的李健熙早已经将在座所有人的表情都看在眼里。他们这样的表现，很明显说明他们不是很赞同。

其中的一位高管抬起头看着李健熙说：“会长，我觉得这个策略并不合适。您看，韩国的汽车市场已经饱和。我们要做肯定是要先打开本国的市场，可是市场这个状况，很难说。避开韩国市场，直走世界市场，我们在这方面的实力又不够。”

其他高管都互相点头，表示赞同。

李健熙听了之后，表情严肃，威严的声音又回荡在会议室里：“所谓

‘大企业’‘大制造’的具体意思，我不说，你们都明白。我们要开拓更广的产业链，这样才能有发展。汽车产业你没试过怎么知道不行？只要努力去发展用心去发展，它就一定可以。”

李健熙的这个决定就像当年他引进半导体入驻三星集团一样，决心十足，不允许别人的反对。

然而，今天的这种情况同当年的情况却相差很远。当年那个时候，三星集团的高层是因为不熟悉半导体行业而表示反对，而现在却是因为太过熟悉汽车行业而表示反对。

这个时候，李健熙发挥了他 20 世纪 80 年代的魄力，力排众议，力举进攻汽车行业。

紧跟着李健熙的决策，三星集团在釜山花了 30 亿美元建成了三星汽车制造厂。为了表达自己在汽车行业的野心，李健熙在三星汽车制造厂的标语牌上写着：“我们的梦想和韩国的未来。”的确，这家汽车制造厂寄托着三星的梦想，但最终却折翼。

李健熙对这家汽车制造厂倾注了很大的心血，光是初建的制造厂的年产量就能达到 24 万辆以上。可是，这个数量离李健熙计划生产的最高目标还差得很远。在李健熙的计划中，三星汽车制造厂每年要生产 150 万辆汽车。并且，他还要带着三星制造的汽车挤进“世界汽车生产的 10 强”之列。

失误导致的巨大错误

这家寄托着“我们的梦想和韩国的未来”的三星汽车制造厂并没有完

成李健熙赋予它的使命。

24 万辆三星汽车并没有如李健熙所预想的那般畅销。

正如会议上表示反对的高管们的观点一样，20 世纪 90 年代的韩国汽车市场其实并不让汽车制造商们感到乐观。当时的韩国汽车市场处于完全饱和的状态，汽车市场的供大于求状况让很多韩国企业一筹莫展。

三星集团第一次尝试进攻汽车行业，各方面都还不成熟，又处在这种艰难的市场情况下，结果可想而知。三星汽车最后只卖了不到 5 万辆，而这其中的大部分还是卖给了三星的员工。

三星汽车连韩国的汽车市场竟然都没有打开，这种结果是李健熙完全没有预想到的。

李健熙对韩国的汽车市场的预测和判断太过乐观，对三星汽车拿下韩国市场甚至进军世界市场太过自信。当时的他被自己的野心冲昏了理智的头脑，让这位商业天才终于出现了巨大的失误。

当时，亚洲正赶上金融危机，三星集团也同韩国其他企业一样受到严重冲击。李健熙汽车投资的失败对三星来说无疑是雪上加霜。

三星汽车不但没有挤进“世界汽车生产的 10 强”，甚至没有带给三星集团任何的利润！

1998 年上半年，三星汽车损失了 1560 亿韩元。金融危机还没有过去，三星汽车又受到如此重创。面对这一现实，李健熙心里深深懊恼自己当时的一意孤行。他本来认为，他的这个决定会像当年的半导体一样，给三星带来意想不到的收益和成功。汽车投资也确实带给了李健熙意想不到的结果，那就是失败！

作为“商业鬼才”的他第一次承认自己在决策上的失误。1999 年，万般无奈的李健熙为了将损失降到最低，向银行提出破产管理。2000 年，他又忍痛割爱，把自己一手创立的三星汽车制造厂以很低的价格卖给了雷诺汽车公司。

几年的时间，花费巨资建造的承载着梦想和未来的三星汽车制造厂就这样在韩国的汽车市场销声匿迹。

众多的责骂声

李健熙投资汽车行业的惨败在韩国引起很大的骚动。因为这个巨大的失误，他承受着来自各方面的责难。

当时的三星集团在金融危机的打击下已是负债累累，精简部门，裁员，种种内耗式的调整已让三星集团面临倒闭的危险。可作为领导者的李健熙没有好好地帮助三星集团摆脱危机，还固执地坚持自己所谓“大企业大制造”梦想。就是因为他的这种荒谬的梦想，才让韩国人心目中的王者企业面临如此大的危机。

李健熙的这个举措如此拖累三星集团，被众多投资者批评为“失败的管理者”。

作为一个大企业的领导，被指责管理上的失败，这该是最差的一个评价了！

韩国的媒体也指责李健熙，认为他坚持建立三星汽车公司“不仅是个盲目的决策，也是官僚管理体制的一次失败”。

这个指责完全把矛头指向了李健熙的管理方式。其实，对于李健熙在三星内部实行的独裁制管理，很多人都有怨言。在很多中小股东眼中，三星整个集团毕竟不是李健熙一个人的。他在集团内部表现出来的独断专行把很多人都没有放在眼里。他们心想，如果，这次他能听得进去别人的意见，也不至于沦落到今天这种地步。

韩国国内的舆论对李健熙更有一些偏激的指责，他们称他在 1987 年下半年接替他父亲成为会长以后的若干年里都“一事无成”。

在商界，任何投资都有风险。作为一个企业家，在投资中出现失误也是正常的事情。可是，这样正常的事情放在李健熙这种档次的巨头身上就不正常了。因为，三星集团是韩国的“国民企业”，它寄寓着韩国人民的希望和未来。李健熙管理三星获得成功，别人在赞叹他才能的同时也只会认为这是他应该做的，可是，他出现了失误就会被人把以前的功劳全部抹掉，还冠以“一事无成”的帽子。

真是“坏事传千里”，整个韩国都在看着李健熙怎样挽回他的“大手笔”带来的“大失误”。

为错误埋单

对自己投资的失误而给三星集团带来的拖累，李健熙只有想尽办法将损失降到最低。面对错误，他没有躲避，没有推诿，勇于为自己犯下的错误埋单，因此也从众矢之的的泥潭中爬了上来，再次受到了人们的尊重。

失败是面透亮的镜子

三星汽车会亏损，李健熙没想到；这个亏损会给三星集团带来如此大的损失，李健熙更没有想到。

亲口宣布三星汽车倒闭，还将它低价转卖给别的公司，这对李健熙来说无疑是在心头割肉。可是，没办法，受到亚洲金融危机的影响，三星集团已有些举步维艰。他不做出那样的选择，到最后保不住的怕是三星集团。

李健熙以最大的能力避免更大损失的发生。可是，“失败的投资者”、“失败的管理者”、“一事无成”，这些来自四面八方的责骂声狠狠撞击着李健熙，撞击着他进入商业圈以来的自信，撞击着他接任父亲职位之后的勃勃雄心。

“失败”两个字在李健熙面前放大。他现在终于要承认自己也不是完人。

一直以来，李健熙都特别自信自己在商业上面的眼光和对企业的管理能力。当时，韩国汽车行业的现状他不是没有看到。只是他想，三星集团作为韩国的第一大企业，在韩国市场拥有最大的份额和最大的消费者群体。并且，经过这几年的改革，三星的产品在亚洲及欧美国家都有一定的市场，更何况现在世界汽车行业那么炙热，三星集团不应该游离于这个行业之外，眼睁睁地看着别的企业获利。为了扩大产业链，让三星集团拥有更大的优质产业，李健熙才考虑将三星集团的产业拓展定位在汽车制造上。

生产出来的大量汽车没人购买，只能卖给自己的员工，李健熙在心里也很着急。

汽车行业出现大的亏损，让李健熙寝食难安。什么“失败的管理者”、“一事无成”，李健熙并不在乎外界的这些评价。他只希望能将三星汽车卖出去，挽回损失。在他的实验室里，李健熙静静地反思。当那25万辆汽车生产出来的时候，李健熙内心很激动。看着这一辆辆代表着三星梦想和未来的汽车，李健熙仿佛看见了三星集团又一个产业的腾飞。而现在，他面临的是成千上万的心血之作被积压在三星汽车制造厂的仓库里。他清楚地认识到了自己的错误：对市场行情分析得不够，自己的判断太过于武断，“大企业大制造”的思想太片面。

作为商人，李健熙知道，自己这种忽略市场的盲目投资行为必然会导致失败。

可是，当时为什么没有看清呢？还是自己太急功近利了？

认识到错误之后，李健熙试图极力挽回，但是颓势已如决堤之水一发不可收。于是，在无法挽回的情况下，李健熙不得不宣布三星汽车制造厂破产，最后迫于无奈只得将其贱卖给雷诺公司。

然而，这些都没能填补亏损带来的损失。

私人为失误埋单

作为一个领导，一直以来，李健熙都非常痛恨那些出现了事情不从自身找原因却推卸责任的人。而这种推卸责任的人，在领导者群中很是常见。

可李健熙不是这样的领导！

当年的一意孤行造成现在的覆水难收，李健熙明白，投资失败这个巨大的损失不应该由三星集团来承担，那样会让很多人感觉不公平。

错在他自己，现在的局面应该由他一个人来挽回。

为了挽回损失，他宣布捐出20亿韩元的个人财产来为自己的失误埋单，承担汽车投资造成的所有损失。

大家都在等待着李健熙精简机构大量裁员的消息，没想到等来的却是他用自己的个人财产填补损失的通告。

李健熙的这个决定让所有人都感到震惊，等待裁员的三星员工因为会长的这个决定感动得不能自已。

有人说，作为韩国最大企业的家族继承人，从父亲那里就继承了那么多的财产，还有一个那么大的企业作为财富后盾，这些钱对李健熙的个人财产总量来说只是小数目。这样做既能减少三星的损失，又能显出他的社会责任，他自然捐得轻而易举。

说这话的人话说得也太轻而易举了吧！

任韩国再有钱的人一次性捐出20亿韩元的个人财产，都不是一件轻而易举的事情。20亿韩元，这对韩国政府来说都不是一个小数目，而李健熙却做到了。他不在乎自己的个人财产“损失”了20亿韩元，他只在乎三星集团。

李健熙捐出个人财产的举动弥补了汽车投资失败带来的损失，也让那些责骂他的声音渐渐消去。

对于家族企业的领导者来说，投资失误造成的损失完全可以由集团来承担，可李健熙却没有。他的这种做法让很多企业家非常佩服。

美国《财富》杂志为此还撰文称赞李健熙，夸许他是“为错误的投资决策承担责任的CEO”。

李健熙为自己的错误埋单挽回了损失，也再次赢得了掌声。

永不停止的博弈

李健熙曾把自己比作英国的铁娘子撒切尔夫人，韩国民众则更愿意把他比作意大利总统贝卢斯科尼。可是，不管是撒切尔夫人还是贝卢斯科尼，李健熙在韩国民众心目中的位置堪比政要。作为韩国最大财阀经济的领导者，李健熙和韩国政府之间有着说不清道不明的关系。

财阀是韩国政府的“财”源

有人说：“没有对财阀的理解，就不能理解韩国的经济。”

一直以来，财阀都是韩国经济的支柱，而财阀和政府之间的关系也很微妙。

“二战”结束后，韩国从朝鲜半岛独立出来。作为一个还没起步的小国家，如何发展是事关重大的问题。

20 世纪 50 年代，韩国实行进出口贸易，李秉喆就这样抓住了机遇，带领三星抢占了国内糖和纺织品的市场，一举成为一个成功的企业集团，也成了当时韩国有名的财阀集团。

20 世纪 60 年代，被称为“韩国历史上最大的 CEO”的朴正熙上台。上台后的朴正熙政府为了促进韩国经济的发展，开始施行新的经济政策，重点发展韩国的重工业。为了收到立竿见影的效果，朴正熙把眼光放在了几家大企业身上，将他们作为重点扶持的对象，提供政策资金方面的支持。就是在朴正熙政府的扶持下，韩国的财阀经济迅速发展。同样的，在财阀集团的推动下，韩国经济也在短时间内得到了迅猛的发展。

在最初的阶段，韩国政府和财阀集团相互依赖——韩国政府依靠财阀集团发展韩国经济，财阀集团依靠政府的支持发展企业。

于是，在这种关系下，韩国出现了三星、现代、LG、大宇等著名的财阀集团。

李健熙与韩国政府

三星集团是韩国最大、最古老的财阀之一。

从三星集团的创立者李秉喆到第二任会长李健熙，他们都与韩国政府之间存在很微妙的关系。

在全球拥有庞大规模的三星集团，带动了整个韩国的经济。在不为人知的地方，三星集团也在发挥着大企业的影响。而作为韩国“经济总统”的李健熙，他同韩国政府之间的关系自然更加复杂。

随着三星集团以霸气的姿势闯入世界市场，被评为“世界 50 强”之后，李健熙也被推到了很高的地位。“商业鬼才”、“经济总统”、“韩国社会最受尊敬的人”、“影响世界 100 大人物之一”等荣誉加身，使他成为了很多企业家仰望的对象。

有人说，李健熙现在的个人名望俨然凌驾于韩国政体之上，在经济上获得成功的他还想对政治插上一手。

1995 年 4 月 13 日，李健熙听说中国政府掀起反官僚的浪潮，并听说中国的一家私人企业办理执照时跑了 20 多个机关单位。对此，中国媒体发出了强烈的批评声，然而对于报纸宣传中的有关中国的官僚主义，李健熙却不以为然。在他看来，中国政府同韩国政府相比还算好的。当年，韩国政府在审批三星半导体工厂时前后可是盖了 1000 多个章！与此相比，在中国跑十几个机关盖十几个章反而是不足挂齿了！

对此，李健熙表示说："韩国政治四流，行政三流，企业二流。"在开明的韩国，这话若是普通民众说倒没什么。可是，作为韩国最大的企业家，李健熙拥有着相当高的知名度，他这样明目张胆地对韩国政府提出指责，在其他人眼中觉得似乎有些太不应该了。毕竟，李健熙还只是一个企业家而已。一直以来，三星集团就有"韩国第二政府"的称号，现在李健熙直指政治，是什么意思？他这是在向政府发出挑衅吗？

2002 年，李健熙提出所谓的"经济权力优越论"，他认为："谁为国家贡献大，谁就可以享受优先权。"三星集团在李秉喆还在的时候就发展很大，成为"韩国第一"。而现在走出亚洲金融危机的三星集团发展势头更是迅猛无比，对韩国经济作出了巨大的贡献。人们都在猜测李健熙说出这句话的用意。毕竟，他领导的三星集团对韩国经济做出的贡献实在不小。

2004 年 3 月 23 日，享誉海外的李健熙在接受《福布斯》杂志采访时表示要在韩国建立"三星市"。他计划"三星市"里会有工厂、小区、学校、医院和各种文体设施。这已然超出了一个企业家应该做的事情。后来，据说韩国政府在巨大的压力之下也被迫通过了《企业城市法》，并将忠州、原州、务安、武州定为企业城市试验基地。只不过，这一方案在韩国民众的反对声中终止了，李健熙“三星市”的美好图景也只存在于规划图中。

而2005年，外界还传出李健熙准备建立“三星共和国”的事情。

这些不知真假的事件，都在说明三星集团会长李健熙和政府之间的复杂关系。

政府扶植了三星集团，李健熙发展了三星集团，继而带动了韩国的经济，现在又有插手韩国政治的嫌疑，连韩国前总统卢武铉对此都表示无奈：“他的权力好像已经大过市场了。”

博弈，无法终止

“小国家，大企业”，政经抱和一直以来都是韩国特色。那些被政府扶植起来的大企业们，时刻都在发挥着它们的作用。

1997年，韩国卢泰愚秘密政治资金丑闻被披露。在这次丑闻事件中，几乎所有的韩国大企业都向卢泰愚提供了政治资金，其中三星集团和现代集团就分别为卢泰愚提供了3270万美元的政治资金。

大企业插手韩国政治，和那些政客们相互勾结，这让韩国的民众们感到很是震惊。

财阀经济的发展，插手政治的能力，更让韩国政府头疼。为此，韩国政府一直都在想着如何摆脱财阀经济。

韩国金大中政府上台以后，对政企关系和财阀制度进行改革，以期削弱韩国的财阀经济对政府的各种干扰。1999 年又进一步颁布了财阀改革的三项原则：财阀所有的非银行金融机构治理体制的改进；财阀内部停止相互投资行为以及非法内部交易；防止不正当的财富积累。

在韩国政府这一系列政策的作用之下，财阀经济得到了一定的遏制。

但是，因为韩国本身的政治经济特点，政府不可能摆脱韩国的大企业而独立存在。

作为韩国最大财阀集团的领导者，李健熙和政府之间的关系随着他名望的越来越大，变得似乎更加对立。

继 2006 年大宇董事会主席金宇中做假账被判刑之后，2008 年，李健熙也因非法转让经营权和逃税被判刑。

相比较韩国的其他财阀集团，三星集团算是被触碰最晚的一个。

这些都意味着，韩国政府不可能和以三星集团为代表的财阀经济脱离关系，财阀经济也始终影响着韩国的政治经济体制。

看来，在政府和大企业之间存在的博弈永远都无法停止。

三星的“隐士会长”

提起三星集团，很少会有人不知道。这个韩国企业的领航者拥有着庞大的产业链，电子、通信等产业在国际市场上都享有盛誉。然而，这个炙手可热的明星企业的会长李健熙却不如他所领导的三星集团在公众群中有那么高的曝光率。他为人谨慎，行事低调，素来就有“隐士会长”的称号。

最有资格高调的低调者

哪怕全球人人都知道三星，但不一定人人都知道李健熙是谁；韩国人人都知道李健熙，但不一定对他有深入了解。

在韩国，最大的企业是三星集团，最大的企业家是李健熙。三星集团和李健熙是韩国人津津乐道的话题之一。

若是我们在网上搜索“李健熙”三个字，会弹出来不少关于他的资料和信息。可是，细翻这些网页，李健熙正面出现在媒体杂志中的却少之又少。

延世大学社会学的教授说：“李健熙是韩国资本主义的符号，但不像比尔·盖茨等西方亿万富豪，他似乎把自己完全移出了公众的视线。”

作为一个比明星还要红的知名企业家，李健熙并不喜欢像那些明星一样通过媒体出现在世人的眼中，高调地宣传自己。虽然，作为庞大的三星集团的领导者，作为韩国的首富，李健熙比任何人都有资格高调地出现，哪怕报纸上一天有他十条以上的新闻，韩国人都不觉得过分。毕竟，李健熙对他们来说是太重要的一个人。

可是，要是哪天真的有十条关于他的新闻，韩国人就会觉得奇怪了。毕竟，这完全不符合李健熙低调的风格。

有人说，像李健熙这样的成功人士完全可以向众多的企业家做演讲，分享成功的经验。然而，他却没有。也有人说，他管理着那么大的三星集团，哪里会有时间做这些事情！可是，即使李健熙有闲暇的时间，他也不会这样做。对他来说，知名度、曝光率都是身外之物。

低调做人，尤其对一个名人来说是非常难得的品质。它代表了人格和修养的锤炼，是在成功面前的不动声色、虚怀若谷。很多人为了显示自己拥有这种难得的品质，本来高调的自己有时候会刻意表现得“低调”。

然而，李健熙并不如此，他是真正的低调。

关于李健熙的低调，三星的员工比其他人更有资格说道说道。

作为一个大集团的领导，身处高层，李健熙在集团的每一次出现都会引起大家诚惶诚恐的骚动。有些人会想，如此有权威的领导者在媒体方面可以低调，那在自己的公司里应该会是很高调的人物吧？

事实却不如此，据三星集团的员工反映，李健熙很少会出现在三星集团大楼。现身都很难，还谈什么高调！

一个成功的企业家经常出入的地方肯定是自己的公司。然而，李健熙却是个例外。他喜欢在父亲修建的复古式韩屋“承志园”里办公。在那里，他仿照比尔·盖茨的豪宅设置了信息系统。即使足不出户，李健熙也可以掌握着完备的信息。三星集团的集权制管理更加方便了他对集团的远程操控。

不仅如此，即使出现在三星集团，李健熙也不喜欢高调。作为一个成功的且不经常出现在公司里的领导，在会议中总会发表点什么讲话吧，李健熙却不，他将自己的这种低调精神一直保持到了公司的会议上。可是，不喜欢说话并不代表他不是一个好的演讲者。李健熙的口若悬河的演讲才能在法兰克福的会议上已经让全体与会者见识过了。

可是，回归三星集团后，李健熙又和往常一样。他不在佩服他敬仰他的员工面前吹嘘自己，不在集团里面就企业的形势和成就侃侃而谈。

对于三星的员工来说，这位会长太过低调了一点，甚至一点也不具有大集团会长的风范。

可是，李健熙就是喜欢这样。他内向的性格和他低调的做人原则让他没办法高调起来。

就这样，韩国最有资格高调的人却选择了低调。

韩国人的好奇

如果你是一个平凡的普通人，那么你的低调在旁人看来是理所应当的事情。可是，对于隐士一样低调的李健熙，他过于隐秘的行事风格反倒让大家觉得有几分奇怪。

不过，他的低调并没有消除大家对他的好奇心。他越是低调，公众越是好奇。他的低调让他显得更加神秘。

延世大学社会学的一位教授说：“公众声望和社会活动之间的极大差异让韩国公众对他非常好奇，甚至是他喜欢吃什么，穿什么和怎么娱乐。”

人类的好奇心永远都存在，他在韩国公众心中是神一般的存在，大家都渴望了解这位“经济之神”。他和别人有什么不一样？为什么他能那么成功？

低调的李健熙让大家充满了好奇，民众巨大的好奇心也让李健熙每一次在媒体上面的罕见露面都会引起骚动。

在三星集团被调查的时候，韩国媒体更是牢牢抓住这次“接近”李健熙的机会，对能拍到的有关他的所有言行进行各种分析判断，甚至当他午餐吃了普通的面条，媒体们都要猜想他有没有什么特殊的用意。

意外的曝光

有些名人喜欢红地毯、镁光灯，喜欢出现在媒体中，喜欢每次拍摄自己成功风姿的镁光灯闪，喜欢每一次来自崇拜者的提问。他们觉得，曝光是对自己成功的一种肯定，也是对公众的负责。

同样是名人，低调的李健熙却从不在媒体面前刻意地曝光自己。执掌三星那么多年来，他出现在媒体面前的次数数都数得过来。

在韩国人看来，“隐士会长”李健熙不会轻易出现在媒体上，可他一出现就会变成大新闻。

2005 年，韩国的这位“隐士会长”在世人面前成了大新闻。

李健熙被媒体曝光曾在 1997 年向韩国总统候选人提供政治献金。

平常都不喜欢面对媒体的李健熙面对这样意外的曝光事件，并没有像其他人那般焦躁。带领三星走了那么多年，多少艰难的时刻都走过来了，只要不对三星造成什么影响，个人荣誉受点小影响又算得了什么呢。

外界纷纷猜测李健熙对于这个丑闻事件的反应。李健熙并没有急切地想要澄清或者道歉。在出现危机之后，他依旧保持着“隐士”的低调作风。可是，这种低调并不是说他一声不吭地看着事情的发生。毕竟，自己是主角，总该做点什么吧。

2006 年 5 月，李健熙从国外归来，他坐在轮椅上，面对着突然围上来的韩国媒体，用一如往常清晰而低沉的声音说：“我为去年造成的混乱表示抱歉，我会为此负全责。”面对媒体，李健熙并没有急于澄清自己，而是对因为自己引起的骚动感到抱歉。

说完短短的这句话，李健熙就坐上了轿车，消失在公众的视野里。随后，果然如他所说，他捐款 10 亿美元给社会，对自己造成的不好影响向公众表示歉意。

这件事最后不了了之，李健熙也没有再对此事作任何的反应。

对于一个名人来说，在繁华处能够守得住内心的那一份淡定，是很难得的事情。作为一个企业家，面对外界的各种竞争、各种压力，今天成功了可能明天就会面临失败，今天的成就并不意味着明天的辉煌。起起伏伏间，很多人依旧会将名利看得很重，高调地宣传自己的成功，可当失败来临时，依然大张旗鼓地就失败而肆意炒作。在现今浮躁的中国社会，名人圈中有很多这样的事情。成功时他们大肆宣传，失败了也不安静，在这种高调中，失却了自己的一份修养和体面。

低调做人，高调做事。

“隐士会长”李健熙用自己的所作所为印证了这句话。

Chapter 5

重出江湖

没有悬念的特赦

SAMSUNG

李健熙带着三星集团走向巅峰。在这条通往成功的道路上，李健熙和三星备受争议。作为三星会长，他多次陷入丑闻事件。这些丑闻给他神话般的成就投上了巨大的阴影。然而，韩国政府和韩国第一大企业的历史渊源让政府同李健熙的关系也微妙不可说。最后，韩国总统跳过了李健熙的丑闻，亲自赦免了违法的李健熙。

官商勾结的黑幕

进入21世纪，韩国企业界并不平静。众多的大企业家因为违法纷纷落马，李健熙也不例外。

这种巧合事件不免引起我们深思，为什么如此风光的企业家会有这样的结局？是什么动机的驱使会让他们触犯法律？在他们的背后到底隐藏着什么样的商业机密？

三星的发家传说

三星的成功，李氏家族的成功，在商界一直是一个神话。

作为三星的第一任会长，李秉喆是白手起家的企业家的代表。当时的他抓住政策，将商业眼光定在了糖和纺织业上，由此成功，掘得了三星的第一桶金。后来，李秉喆又紧跟政策，将商业眼光放在了重工业上，至此三星集团成为了韩国著名的财阀集团之一。随后，他又将眼光放在制造业、电子产业、化工、半导体等。他紧跟时代步伐，不断扩大产业，获得了成功，成就了三星集团的第一个辉煌。

相较于第一任会长，三星的第二任会长李健熙更是神一样的人物。他不仅成功地延续了父亲的事业，还通过不断的变革，让三星集团既拥有强大的核心技术产业，又让集团的内部结构充分地发挥其优势，从而将三星集团推向更高更强的位置。

三星集团的两任领导人对于韩国民众来说都是英雄。

关于三星集团从一个上不了台面的小企业发展成国际知名企业，这在商界一直是一个传奇。众多的企业家纷纷研究三星集团，研究李健熙，希望研究出让他们企业保持可持续发展的秘诀。

“官”与“商”始终在一根藤上

对于三星的成功，李氏父子可谓功不可没。眼光、政策、决断、才能，这些都是写进他们成功履历中的关键词。

然而，在三星集团成功的道路上，还有一个不为大家所知的条件：官商共舞。

所谓经济基础决定上层建筑。一个国家政治和经济之间的复杂关系让官员和商人之间的关系也变得很复杂。

无论是资本主义还是社会主义国家，政府对市场经济的宏观调控是必不可少的。对于政府而言，市场的自由度要在他们的调控之下。然而，对于一个企业来说，不是政府推行的所有政策都能利于企业的发展壮大。各种规章制度、层出不穷的条例，这些都在限制着企业的发展。于是，很多企业为了发展壮大，为了获得更大的利润，这个时候，就需要和政府官员

“交好”，让企业在繁重的政令面前畅通无阻。

中国封建社会的这种情况很明显。商人明目张胆地贿赂官员以求便利，政府官员利欲熏心为商人提供便利，甚至还买官卖官，进行权钱交易。官商勾结、权钱交易是人类社会存在的大问题，而在这一方面，韩国社会似乎表现得更加明显。

韩国有着一个极为特殊的政治经济体制，国家和大企业互助互爱，共同发展。可以说，如果当年韩国政府不扶植大企业以保证政策顺利推行，韩国也不会在短时间内迅猛发展，在20世纪90年代，成为亚洲经济四小龙之一；如果当年的韩国大企业不依靠政府扶植，也就不会有现在的韩国财阀集团。这种互利关系，让韩国和财阀集团得到了很好的发展，而财阀也成为韩国经济中不可或缺的一部分。

有关媒体报道说：“多年来，韩国历届政府在政治上都偏向三星等大型家族企业，希望通过对他们的特殊扶持，推动韩国出口型经济的发展。但与此同时，这种政府倾向和政治环境为权钱交易提供了温床。”

在韩国经济崛起和大企业的发展过程中，官商勾结一直是韩国社会存在的沉疴。大企业在韩国政府提供的信誉担保下，能获得银行的巨额贷款从而扩大企业规模。这其中就存在一个疑问：“二战”后初期独立的韩国急需发展经济的这种状况已经不存在了，为什么韩国政府还会为企业提供这种担保？难道仅仅是为了整个韩国经济的发展吗？

当然不是！其中的隐情就是四个字——官商勾结。而对于韩国最大的财阀集团——三星集团来说，同样摆脱不了韩国企业官商勾结这种特有的国情。

作为韩国知名的跨国企业，三星集团发展规模越来越大。为了让庞大的三星集团高效运作，李健熙便要在韩国政府里为三星集团的发展寻求便利。这个时候，三星集团同政府官员之间的各种暗箱操作自不用说。

披露李健熙丑闻的金永泽说，三星集团有一个预算为 2 亿美元的贿赂基金，这笔巨款主要是用于疏通检举三星集团的官员和政客，好让他们对三星集团的非法行为睁一只眼闭一只眼。

对于李健熙在 1997 年的政治献金事件，虽然大家不知道是真是假，但是，这也足够说明企业家同政府官员之间的特殊关系。李健熙付出政治献金不难理解，毕竟，帮助一个总统候选人参选成功，在日后会带给三星集团多大的好处我们都能想到。

李健熙的成功不仅是个人才能的结果。在韩国，官商勾结的幕后交易成全了太多像李健熙这样的大企业家。

可预见的罪与罚

2008 年，对于即将举办奥运会的中国人来说，这是一个值得兴奋与纪念的一年。而这一年对于韩国人来说，同样难以忘怀。这一年发生的事情刺激着韩国民众的心脏，深受民众尊敬的企业家“三星之王”李健熙深陷震惊全国的丑闻事件，面临惩罚。

“经济总统”深陷丑闻

2007 年，三星集团平稳地发展着。

在这一年，低调的三星集团“隐士会长”李健熙终于满足了韩国民众的猎奇心理，他以震惊世人的姿态登上了头版头条。

不是这位商业天才又说出了类似于“除了妻子和孩子，什么都要变”的惊人之语，也不是他要对三星集团进行怎样的大调整与大改动，更不是他又在世界市场中创造了三星的下一个奇迹。这一次的新闻同政治献金丑闻一样，以重磅炸弹的威力摧毁着韩国民众心目中的英雄——李健熙。

一位叫金永泽的人大胆地披露了李健熙不为人知的事情：三星集团会长李健熙涉嫌通过三星集团子公司贪污约100亿美元秘密资金，并利用这些资金贿赂检察官员、法官、政府官员、议员和记者，将大权顺利过渡给儿子，以确保李氏稳固的江山。同时，李健熙夫人洪罗熙用秘密资金购买高价美术品，对艺术品交易市场造成强烈的冲击。

看到这样的新闻，很多韩国民众不愿意相信，秘密资金、贪污、贿赂，这是国民偶像会做的事情吗？真是太难以相信了！

可是，这个金永泽是谁？他和李健熙有什么深仇大恨吗？

金永泽和李健熙有没有什么私人恩怨，大家都不知道，但至少在过去的八年时间里，他们一直是老板和员工的关系。1997年至2004年间，金永泽一直都担任三星集团的首席法律顾问。

知道金永泽身份之后，韩国民众在心里猜测，难道这位金永泽说的都是事实？大家心里都明白，作为一个集团的首席法律顾问，他掌握着很多不为人知的内部机密。也许，这位金先生在新闻发布会上揭露的事情就是三星集团的内幕。

正当韩国民众猜想这次事件或许会同政治献金事件一样因为证据不足而不了了之时，2008年，韩国又爆出李健熙挪用公款和逃税的新闻。

韩国民众对这样的事情难以接受，舆论中出现了不同的声音：有人在感慨政界商界的污浊空气需要好好整治；有人在担心李健熙的丑闻事件会摧毁这位“经济总统”，摧毁三星集团，他们不愿意看到这样的结果出现；更有人直接咒骂金永泽，说他是出于恶意来污蔑李健熙。

韩国民众内心不忍却又翘首以待地等着政府对李健熙的丑闻事件的“宣判”。

难逃一“罚”

对于李健熙的丑闻事件，韩国民众难以相信。韩国的不少人希望这件事情纯属子虚乌有，最好是金永泽的蓄意污蔑。

事实究竟如何？毛泽东说，没有调查就没有发言权。一切真相都将在调查之后揭晓。随后，韩国政府成立特别检察小组，对三星集团和李健熙进行检查。

“特检”的工作即刻展开。

在收到韩国政府的传讯之后，李健熙承认他存在非法行为，并表示他愿意为丑闻事件接受批评，承担来自道德和法律上的全部惩罚。

李健熙的亲口承认，让韩国民众心中那点怀疑和期待被彻底摧毁。

对于李健熙证据确凿的罪行，韩国民众心里的情绪怕是比李健熙更加难以明说。这位对韩国经济有重大贡献的人，此时让韩国人民是又爱又恨。

可想而知，李健熙再也无法像上次的政治献金案一样那么轻松地抽身而退了。当年的事件因证据不足而过了韩国法律 7 年定罪时间，更重要的是韩国政府采取了不追责的态度。但是，现在的状况很难说。随着三星集团的壮大，在给韩国经济带来福利的同时，极度的膨胀也给韩国社会带来不利的一面。韩国政府和财阀之间的关系越来越紧张，李健熙的这次事件也许可以给政府一个很好的理由削弱他在韩国的影响。

这些因素，都不好说。

作为韩国企业家的代表人物，李健熙在海内外都有一定的影响。从某种意义上讲，他代表了韩国的经济，而三星集团也代表了韩国。当人们在市场上徘徊时，人们不会无缘无故地想到韩国，而当他们看到三星的标志，看到李健熙的相关报道时一定会想到韩国。

这就是李健熙的处境：曾经是大家膜拜的对象，而现在却是大家唏嘘的对象。

作为韩国最大企业的领导者，李健熙犯下的错误，牵连的不只是他一个人和三星集团，而是整个韩国。作为一个神话般集团里的神话般人物，李健熙的丑闻事件让他蒙上阴影的同时，也给韩国蒙上了阴影。相对开明的欧美国家会在心里想，这就是韩国，政治经济体制不完善的国家，竟然会出现这种事情！

这次的丑闻事件，李健熙触犯的是法律。他将要面临什么样的惩罚都不好说。

李健熙在被第二次问讯后曾表示说："我正在认真考虑对公司的管理结构和管理团队进行重组，包括我自己在内。"媒体纷纷猜测这位"经济总统"是否会因为这次事件辞职。

而在经过为期三个月的调查之后，韩国检察官对李健熙进行指控，罪责是李健熙和三星战略企划室长李鹤洙等 4 人合谋，将集团领导结构中最重要的"爱宝乐园"的经营权转让给其儿子李在镕，造成至少 969 亿韩元的损失。"特检"称如果李健熙逃税罪名成立，他将要面临 5 年甚至是终身监禁的惩罚，同时还要面临一定数额的罚款。

辞职、牢狱、罚款，对于三星帝国的王者李健熙来说，将是他即将面对的三重惩罚。

总统赦免

李健熙触犯法律是既定的事实，他将面对来自法律、道德、社会的惩罚，也是可预见的事情。然而，在2009年，这样一个看起来定会受到惩罚的人却被“有罪释放”。

辞职并获罪

2008年4月，稳坐三星会长位置12年的李健熙因为丑闻事件通过电视直播，向全国民众宣读《对国民道歉和辞职声明》。李健熙将退出他一手打造的三星王国，并因为丑闻事件对韩国民众造成的影响道歉。

李健熙说：“今天，我已经决定辞去三星集团董事长职务。我们，包括我本人在内，因为这项特别调查给国家添了许多麻烦。我对此深表歉意，并将对此负上法律和道德的全部责任。由于还有很多工作没有做，还有很多路要走，我为此感到悲伤，但我愿意带着所有的过错离开。”

“20年前我曾承诺，将三星集团建设成顶级企业，到那时，我会和大家共同分享所有的荣誉和成果。非常抱歉，我未能遵守诺言。三星能取得今天的成就，离不开广大国民和社会的支持，希望大家今后能继续爱护和帮助三星。”

面向全国直播的新闻发布会上，李健熙说完这句话后，带着三星的高层向韩国所有的民众鞠躬以示歉意。平日以一个王者的形象出现在韩国民众视野中的李健熙，现在佝偻着背显得无比的谦卑。他的这些话让人觉得他不是离开一个公司，而是在舍弃一个还需要照顾的孩子。这让在电视机前观看的韩国民众很是心痛，他辞职的新闻比他往日因为过错捐款 10 亿美元的新闻更让人震惊。

李健熙宣布完辞职后，三星副董事以及三星电子的高管，李健熙之子李在镕相继宣布辞职。以李健熙为首的三星领导层在为自己的过错承担责任。

然而，李健熙犯的不是过错，不是辞职向民众道歉就可以解决的事情。他的行为触犯了韩国的法律。

紧跟李健熙辞职消息而来的是来自韩国首尔高等法院对这位“经济总统”的制裁：判处有期徒刑 3 年，缓期 5 年执行，罚款 1 亿美元。

李健熙的辞职和即将面临的 3 年牢狱之灾，在“辛苦”揭露他罪行的金永泽看来或许有些轻了，但是被韩国民众指责为不怀好意的金永泽总算得到了来自法律的一点安慰。

没有悬念的特赦

2009 年末，李健熙获得了来自韩国总统李明博的特赦，其名曰：“以助力韩国申办 2018 年冬季奥运会。”

关于对李健熙的赦免问题，李明博还特地召开内阁会议，韩国法务部也为此向韩国民众发表声明说：“特赦旨在为李健熙恢复国际奥委会委员资格铺平道路，从而为我国申办冬季奥运会创造更有利的环境。”

“奥运委员会委员”这个头衔让李健熙得到了特赦的法外开恩。

李健熙最后被豁免的消息似乎并不让韩国民众感到太过意外，而协助申办 2018 年冬季奥运会只是其中一个小小的借口而已。李健熙对于整个韩国来说太重要了，他创建的三星王国也让整个韩国受益其中。可以说，这次有关李健熙的特赦，是毫无悬念的。

在李健熙受到政府起诉的时候，就有人分析说他能够逃脱任何严厉的惩罚，因为李健熙对韩国的经济太重要了，让他将时间耗在牢狱里简直是一种浪费。

韩国的大多数民众面对木已成舟的事实纷纷选择忘记，他们不希望看到李健熙受到惩罚。

其实，在李健熙被宣判后不久，韩国国内就出现了大量吁请当局赦免李健熙的呼声。

以韩国工商会议所为代表的 5 大经济团体向韩国政府提交了对李健熙等 78 名经济界人士的特赦申请；韩国的体育界也认为需要赦免李健熙，因为韩国同两届冬奥会失之交臂，在这关键的时刻需要奥委会委员李健熙的强力支持。

大家知道李健熙的伟大，也明白他在韩国的影响力。可是，令人意想不到的是，一国政府可以对一个普通民众犯下的罪行置若罔闻，可以当着全国人民的面宽恕他所犯下的罪，这得需要动用多大的政治智慧和勇气。当然，李健熙似乎也并不是一个普通民众。

事实上，这种情况在韩国并不是特例。韩国的多任总统都曾对财阀领导人给予过特赦，认为他们为国家做出的贡献远远超过了他们的犯罪行为带来的伤害和损失。其他的不说，李健熙的父亲李秉喆曾经也有腐败和官商勾结的丑闻，但也是因为他的经济贡献，当时的韩国政府赦免了他，没有定罪。

在我们所能接受的范围内，韩国的这种情况也只存在于我国古代，而且是当皇帝大赦天下时才会发生。可是，它就发生在现代化的韩国，这种“特殊待遇”让我们疑惑：难道个人可以凌驾于法律之上？

也许，会有人在心中嘲笑韩国的法律：犯了罪的人也可以被特赦，这是在现代社会发生的事情吗？

其实，特赦并不是允许个人可以凌驾于法律之上，且犯了罪的人可以被姑息，只不过作为三星的会长，李健熙的地位和影响力太过特殊。就像韩国民众说的那样，如果对李健熙定罪，那他对韩国造成的经济震动将无法想象。

重回第一线

三星的王者始终不肯放弃他的帝国，2010 年 3 月，李健熙带着他的危机意识重返三星高层，继续他的伟大事业。

王者归来

2010 年 3 月 24 日，李健熙在辞职 23 个月后，重新回归三星集团。对于李健熙重返三星高层，外界一直存有期待。就像韩国政府对他没有任何悬念的特赦一样，李健熙重返三星高层也是没有任何悬念的。因为，对于这样一个有特殊才能和贡献的人，他的回归是毋庸置疑的。只不过，李健熙并不是以三星会长的身份重返三星集团，而是以大家都想不到的“三星电子会长”的身份回归三星。

韩国民众对这位王者的归来感到兴奋的同时也表示了担忧。一时间，李健熙回归三星成为了韩国热议的话题。

有些人从法律的角度看待这件事情，觉得韩国政府给予李健熙这方面的特权实在有些过分。毕竟，李健熙不是在犯错，而是在犯罪。他对三星、韩国都造成了一定的影响。政府这种“开后门”行为是对韩国民主社会的玷污和破坏。

韩国经济改革联合所所长金尚祖就李健熙回归三星一事发表评论说：“三星集团接手‘特检’后，发表了以会长一家退出经营一线和解散战略企划室为主要内容的‘经营改革案’。但两年后的今天，李健熙的复出无异于宣布把这一切‘化为乌有’。”

经济正义实践市民联合经济政策室部长也表示说：“李健熙的复出将会再引发会长一家的‘帝王式经营’之弊。”

但是，对于李健熙的复出，大多数韩国民众还是比较看好的。

因为李健熙的丑闻事件让三星集团多少受到影响，他的辞职事件更是危及三星集团未来的发展。在李健熙辞职之后，三星系股票受到影响，三星证券和三星火灾海事保险股价纷纷下跌。这些都将对韩国的经济造成或多或少的影响。在集团内部，李健熙离开三星集团的决定又让三星顿失主心骨，一时间，三星集团群龙无首。

很多人认为，李健熙的这次回归给三星集团和整个韩国吃了颗定心丸。韩国弘益大学管理系的金教授说：“全球金融危机过后，主要产业领域正迅速改变。在不确定因素较多的情况下，必须在重大决策上加快速度。在这样的时刻由老舵手来对充满危机感的三星完成下一步的布局是非常必要的。”

不管有多少人无法理解李健熙在犯了罪之后可以全身而退的隐情，也不管多少人明白李健熙对三星和韩国的重要之处，李健熙回归三星集团是众望所归的结果。

关于李健熙的复出，三星社长团协议会在2012年2月17日和24日对李健熙重返管理层的问题进行过讨论。经过大家的讨论，社长团达成协议：在世界经济不确定因素加剧的情况下，三星集团需要李健熙的经验和领导。为此，社长团还拟定了“复制建议书”交与李健熙，希望他能认真考虑复出的事情。

接到建议书的李健熙并没有欣喜若狂地立即复职，正如当初他说的话，他是带着所有的过错离开三星集团的。他开始就自己身处的境况和三星现在的情况认真地分析，如何做才是对三星最好的决定？

一个月后，李健熙在三星集团的期待下返回了三星管理层。

盛世危机

重返三星管理层后，李健熙看到三星面临的现状，作为“偏执的危机狂”，李健熙说：“现在是真正的危机时期，三星将来前途如何难以预测。我认为代表三星的事业和产品大部分将在 10 年内会消失。没有时间犹豫。”

对于李健熙刚一复出就发表的危机言论，有些人认为这是他为了复出故弄玄虚，是在向世人表明他在三星集团所处的重要位置——缺了他三星集团将要面临危机。毕竟，现在的三星集团形势一片大好，并没有李健熙口中所说的“危机时期”。

在李健熙辞职之后，三星集团仍旧以平稳的姿态很好地发展着，销售业绩和营业利润达到 136 万亿韩元和 10.9 万亿韩元，超越惠普、西门子，首次坐上了全球电子行业的头把交椅。

三星的这种发展态势同李健熙的危机言论根本不相符合，一些人开始猜测他的用意。

作为一个有独特商业眼光的企业家，他总能看到大家看不到的地方。那个时候，三星确实取得了很好的成绩，可也确如李健熙所言，在三星辉煌的成绩背后隐藏着极大的危机。

索尼会长霍华德·斯金格说："2009 年，日本企业的节节败退和韩国企业的攻城略地形成了鲜明的对比，不过这与日元升值、韩元贬值的外部环境有着密切的关系，而且汇率是变化的，三星等公司依靠汇率取得的优势是暂时的。"

当时三星虽然在手机市场上处于领先地位，但在智能手机领域的发展情况并不乐观，即使在崇尚国货的韩国的国内市场，三星的智能手机也不敌苹果推出的 iPhone，其营业利润更被苹果和谷歌抛在后面。三星集团须面对来自苹果和谷歌这两个强劲对手的威胁，还要同众多的优秀企业进行竞争。表面上看，三星集团存在优势，但在那么多对手面前仍很吃力。

2009 年底，三星集团进行内部调整，将三星集团的决策层由以前的三级合并为两级，以期迅速执行经营、业务投资战略。但是，正如三星高层所言："自从李健熙会长辞职以后，决策速度比过去慢了很多。"

同时，三星集团发生的"冰箱爆炸召回"事件给三星集团带来了很大的压力。三星的李仁用说："我们在 2 月 17 日首次提出了前会长李健熙复职的问题。当时是'丰田风暴'愈演愈烈的时候，这给我们带来了不小的冲击。"

2013 年 1 月，李健熙面对媒体说："10 年前，三星仅仅是一家街头小店，它的规模还不足现在的 1/5。如今的三星稍微走错一步路，便会沦为小摊子。"

李健熙的话丝毫没有夸张。在瞬息万变的世界市场，必须保持高度的危机感，时刻要根据变化做出决定，否则企业很难长足发展。

这些都在催促着李健熙的复出。

在这种情况下，李健熙自然不会安然地待在家里做起真正的“隐士”，让一手创建的三星帝国危机重重。

三星盛世危机成全了李健熙，大家不会责备他的食言。相反地，对于他复出后带领三星集团继续战斗再创辉煌，韩国民众充满期待。

Chapter 6

家族悲剧

李氏家族的遗产之争

SAMSUNG

随着韩国“创一代”财阀的去世，韩国财阀大家族们围绕继承问题纷争不断。现代集团创始人周永州 2001 年去世，家族围绕财产问题纷争 10 年；锦湖集团的三子和四子就遗产问题发生矛盾；韩进集团和韩元集团也因为继承问题导致兄弟反目。

作为韩国最有代表性的财阀家族，李氏家族深受国民看好。然而，作为国民表率，李氏家族也不安宁，利益之争、遗产之争、父子反目、兄弟反目等剧情都在李氏家族中反复上演。

家族内部矛盾

一个再和谐的家庭都会有矛盾出现，对于李健熙来说也不例外。别人家的矛盾闹过也许没过几日就云淡风轻了。可是，矛盾的错综复杂、根深蒂固，让李氏家族的血亲纽带出现断裂。究竟一个家庭有什么样的矛盾可以让一个家族的血亲纽带不复存在？

父子矛盾

幸福的家庭是相似的，不幸的家庭却各有各的不幸。

当穷苦人家一家人围坐在一张小饭桌前吃着粗茶淡饭，聊着对有钱人家的向往时，有钱人家或许只希望一家人能够坐在一起和乐融融地吃一顿饭。

对于执掌三星的李氏家族来说，钱不是问题，问题是太有钱。如此多的钱唤醒了每个人心底最深的贪欲，也冲淡了父母和子女间最真的情意。

三星李氏家族之间解不开的矛盾并不是从李健熙继承三星集团那时开始出现的。追溯李氏家族矛盾的源头，父亲李秉喆要承担很大一部分的责任。

李秉喆育有八个子女。作为一个大集团的老板，李秉喆给予八个子女最好的教育。然而，在家庭教育问题上，李秉喆并不算是一个“好父亲”。为了忙事业，李秉喆欠了子女太多的父爱。

1966 年，三星集团爆出“糖精走私案”的丑闻。时任三星会长的李秉喆迫于压力不得不交出三星集团肥料工厂的所有权，并宣布退出三星。

其实，对于这起事件，李秉喆的长子李孟熙和次子李昌熙均有参与。当时，李孟熙和李昌熙在化肥生产的项目进货程序中为了谋取个人私利而进行走私。可是，对于这件事情的整个过程，李秉喆并不知情。

1969 年，三星集团又爆出“青瓦台上书事件”。次子李昌熙给韩国总统写请愿书，告发重新接管三星集团的父亲李秉喆在海外有非法财产。告密事件败露后，李秉喆非常伤心，没想到自己养育的儿子竟然有一天为了个人私利会告发亲生父亲！

于是，愤怒至极的李秉喆便对李昌熙施以家法，将他逐出国门，永远不许回韩国。对这个次子，李秉喆不再抱有任何希望。随后，李昌熙便奔赴美国，远离了父亲的视线。

而对于长子李孟熙，李秉喆在此时更有看法。他怀疑幕后的始作俑者就是这位长子——其用意非常明显，三星的继位权嘛！因为据李秉喆了解，次子李昌熙曾多次表示，他无意接管三星集团，所以几乎没有什么可成立的理由来让他公然挑战父亲。反而是长子李孟熙，对三星会长的位置觊觎已久。

受韩国传统思想的影响，李秉喆对这位嫡长子其实抱有很大的希望。

然而，多疑的性格导致李秉喆对这位长子并不信任。有人说，其实李秉喆当时也想惩罚长子，想以长子患有妄想症为名将其禁足，只是因为李孟熙以死相逼才逃过父亲的“惩罚”。

不光是和儿子，李秉喆和次女李淑熙之间也存有矛盾。

次女李淑熙的婚姻是父亲一手操办的。当时，为了三星集团的更好发展，李秉喆选择和韩国的另一个财阀集团 LG 进行商业联姻。对于父亲的这种决定，李淑熙并没有反抗，她深知自己的牺牲是为了保全家族的利益。于是，李淑熙在父亲的安排下嫁给了 LG 集团创始人具仁会的第三个儿子具滋学。

李淑熙和具滋学的联姻让这两个大家族强强联合。可是后来，随着三星集团产业扩大，李秉喆选择进军家电产业，并在家电方面取得了很好的成绩，而家电产业是 LG 集团的主要产业。LG 同三星集团同是韩国的大财阀，两个集团实力相当，李秉喆的这种做法明显要破坏两个集团之间的友好关系。

这件事情，让 LG 的具仁会非常恼火。至此，三星集团和 LG 的竞争大戏拉开序幕，两个家族之间也水火难容。夹在中间的李淑熙很是痛苦。为了 LG 集团，李淑熙向父亲哭诉，希望父亲不要和 LG 集团有矛盾。商业上的竞争不允许心慈手软，女儿提出这种要求明显是眼中没有父亲的存在。

于是，李秉喆很是生气，他曾扬言不会将三星的股票分给次女李淑熙。当时李淑熙的丈夫具滋学在三星集团也担任要职，可因为两家集团的矛盾被迫离开了三星集团。对于嫁了人的女儿李淑熙，李秉喆表现得很是绝情。

在人类的感情中，父母与子女之间的感情是最难以割舍的。李氏家族父子相斗，父女反目，让这个大家族蒙上了悲剧色彩。

手足矛盾

相对于李秉喆同李孟熙、李昌熙之间的矛盾，李健熙和两个哥哥之间的矛盾更加难以解决。因为，他们之间的继位矛盾更尖锐。

对于三个儿子，李秉喆都重点培养，为的是以后可以接替他继续发展三星集团。可是，对于三星集团最终该由谁掌管一事，李秉喆颇为头疼。

受制于韩国传统思想的影响，李秉喆曾一度希望由长子李孟熙来接替自己的位置执掌三星集团，甚至在他隐退三星集团的那段时间，曾将管理三星集团的重任交与李孟熙。作为长子的李孟熙很是愿意从父亲手中接下三星集团经营权，可是，李孟熙在管理上并没有多大才能。在父亲隐退期间，三星集团被他管理得一塌糊涂。以退为进的李秉喆看到长子管理才能方面的欠缺，同时也看到了长子的野心，于是渐渐对他不抱有太大的希望。

关于继位问题，李秉喆曾说过这样一段话："长子孟熙表现出想要领导三星集团的意愿。于是，我便开始考虑把集团的部分经营权交给他。正值当时事情的发生，正好我隐退幕后，看看他的管理的能力。可是，只是半年的时间，孟熙就将三星集团领导得混乱不堪。看到这种情况，他本人也考虑退出。而次子昌熙向我表示过，他对三星集团兴趣不大，更希望能经营适合自己的公司。于是，我便有心考虑小儿子健熙。而健熙也表现出企业管理方面的兴趣和志向。考虑到暂时还没人能继承三星的整体经营，就有意安排让健熙参加集团的一线管理，让他好好锻炼。"

后来，"糖精走私案"和"青瓦台事件"的败露彻底让李秉喆对长子和次子死心，将他们排除在继位候选人队列之外。

李秉喆在继位人选上面的摇摆，让李健熙和两个哥哥之间的矛盾重生，尤其是在统领三星集团方面表现出极大热情的李孟熙，更是恨透了这个平常不爱说话却心机很重的三弟。

从小，李健熙和两个哥哥之间就很疏远。当李健熙还是孩子的时候，哥哥们已经长大成人。中间夹了那么多个姐妹，年龄方面的差距更让兄弟三人关系疏远。

对于这个不爱说话的三弟，李孟熙并没有真正地将他作为竞争对手，李孟熙一直以为自己必是三星集团的继承人。可是自从父亲安排李健熙进入三星一线之后，李秉喆对李健熙表现出来的器重让受到父亲责备的李孟熙感到了强大的威胁。

李孟熙没有想到这个不爱表达的弟弟在三星集团做得还很不错，众人似乎越来越看好他了。为此，李孟熙心中对李健熙甚感惶恐。

不似李秉喆口中所说的李孟熙属于“自愿退出”，实际上，李孟熙和李健熙在继位之争上的矛盾一直持续到李秉喆去世。

叔侄矛盾

李氏家族的矛盾不仅集中在父子、兄弟之间，李健熙同侄子李在贤之间也有很深的矛盾。

李在贤是李秉喆的长孙、李孟熙的儿子、李健熙的侄子。李健熙同这位大侄子之间不和，不说是来自李孟熙的影响，牵扯到的是三星集团同 CJ 集团之间的矛盾。

李在贤是CJ集团的会长，而CJ集团是从三星集团中独立出来的。CJ集团发展很快，成为了韩国最大的食品公司，主营业务也非常广泛。所以，在商业上，三星集团同CJ集团之间存有竞争关系。

早在1994年，李健熙和李在贤之间就产生了矛盾。据说，李健熙家的闭路电视系统的摄像头对准隔壁侄子李在贤家的正门，可以很好地监视李在贤。李在贤对此非常生气。

后来，随着CJ集团发展越来越大，李健熙同大侄子李在贤的嫌隙也越来越大。

2012年2月，CJ集团对外界宣称：李健熙派三星集团的员工监视侄子李在贤。为此，李在贤还向警方报了案。这种事情让人深感意外。虽然他们向外界宣称是三星集团同CJ集团之间的矛盾，但人们很容易就会从两家公司的敌对现状想到李健熙同李在贤的不和，甚至还要牵扯出旧日的“恩怨”。

“天下熙熙皆为利来，天下攘攘皆为利往”。一个大家族也是如此，彼此之间因为利益矛盾冲突不断。

对于一个本该和谐的家庭来说，任何一个矛盾都不该出现，任何一个矛盾都可能演变成为一个悲剧。

一封遗书割裂家族情

作为一个极为有钱的大家族，遗产的最后分配是最困难的事情，这对于李秉喆来说也不例外。从 20 世纪 70 年代到他去世，遗产分割问题让他颇为头疼。八个子女，那么多的遗产，该如何分割实在是一个问题。

1987 年，“三星之父”李秉喆因病在医院逝世。李氏家族的子女们围绕在其病床前，悲痛父亲离世的同时，更为关心父亲庞大的遗产如何分配的问题。

李秉喆做事讲究未雨绸缪。早在 1971 年，他就开始关心遗产分配的问题，还立好遗嘱。为此，他曾召集三星集团的高管开了一次会议，在三星集团内部宣布了自己已经拟定好的遗嘱：名下资产分成三份，两份捐献给社会，另外一份分给直系子女和有功的职员，至于三星集团的经营权将由三子李健熙继承。

该决定引起三星集团高层的一片哗然，李秉喆果然放弃了嫡长子李孟熙。

同样的，李秉喆的这份内部遗嘱引起了李氏家族之间的震动。关于另外两份捐献出去的遗产，大家都没有表示什么不妥。至于最后，三星集团交给李健熙掌管，这让李孟熙和李昌熙很不服。他们和这位弟弟关系本来就不怎么样，近几年李健熙的表现也让两个哥哥不舒服，尤其是身为长子的李孟熙。虽然在两年前，父亲对他就有所不满。他也深知自己管理能力还有待提升。可是，这毕竟是可以学的。父亲对他的排斥，弃“长”立“幼”让李孟熙十分恼火。至少，他管理企业时表现出来的热情不比李健熙少一分。

李秉喆这样一份遗嘱让“王位争夺战”持续了很多年，也成为了李氏家族兄弟之间矛盾的导火线。

1987 年，李秉喆逝世后，按照他的遗书中所说的，三星集团最主要的子公司三星物产、三星电子和第一毛纺织由李健熙来继承；长女李仁熙继承三星集团的高丽医院、全州制纸、新罗酒店等产业；次子李昌熙将继承三星的第一化纤产业；小女儿李明熙继承新世界百货和朝鲜酒店等产业。

在这份最终的遗产中，长子李孟熙没有继承任何财产，但其妻子倒是从李秉喆遗嘱中获得了三星财产保险公司的股份。多年的期待和争斗却落得这样一个下场，李孟熙的心中极为不平衡。于是，他把满腔的怒火都指向了遗嘱中最大的受益人——三弟李健熙。

这份遗嘱敲定了三星的继承人，也让李健熙松了一口气。这十几年来，他一直在父亲手底下谨慎做事，不敢有丝毫的放松。亲眼看到大哥对三星集团执掌权的蠢蠢欲动，可他忍住了，成大事者一定要能忍。这十几年来的努力没有白费，三星集团的高管层渐渐对他有了些认可和赞赏，父亲更是对自己信赖有加，甚至在父亲去世时，还紧握着他的手，眼神充满放心与期待。

李健熙在兴奋的同时，也在心中想着两个哥哥的反应，父亲的分配尤其是对大哥李孟熙的轻视让李健熙也觉得不公平。虽然大嫂得到了遗产，可是，毕竟不是以大哥的名义得到的。大哥对他，对父亲定有怨言。

而在李孟熙看来，父亲的决定很不公平。虽然，这十几年来，父亲对自己的闲置不问已经是在隐隐地告诉自己继位无望了，但是，在最后的遗嘱中竟然没有给曾是三星继承人的长子留下任何财产，这很不合乎情理。

李孟熙的耳边似乎还在回响着1966年父亲宣布退隐时对着三星集团的高层说的话："我把将来三星的所有事情全部委托给孟熙了，他还年轻，请大家帮助他。"

李孟熙的眼前似乎还在回放1967年8月他从父亲手中接过帅印的情景。1968年的股东大会上他还在父亲的座位上高调地主持会议。当时，父亲的这般器重让他以为三星集团会长的位置非自己莫属了。

可是现在竟然出现了这样的结果！

当年的错到底在谁？如果当年李秉喆不那么重视李孟熙，也不会让他以为自己是下一任会长；如果当年李秉喆不那般重视小儿子李健熙，李孟熙也不会和李昌熙出险棋，冒险一搏。

然而，大家族利益上面的事情很难说清楚谁对谁错。

估计当时从大局考虑的李秉喆没有过多地考虑亲情这方面的问题吧。但是，在大家族中，这种问题不是你面面俱到就能做到无伤害。

因为那份遗嘱，李孟熙和已故父亲之间的矛盾再也无法消解；因为那份遗嘱，李孟熙和李健熙之间已经到了水火难容的地步。

李秉喆是李氏家族的主心骨。他在的时候，李氏子女们任矛盾再大，都有可能会围绕着父亲承欢膝下。而现在，李秉喆的离去，财产的分配让关系本来就松散的李氏家族子女失去了聚在一起的可能。

再者，对于这样一份遗嘱，有人欢喜有人忧。李健熙满心欢喜地布局着自己的宏图大业，李孟熙对着这份意外的遗嘱怨气暗生。那李秉喆其他的子女呢？得到财产的他们就没有什么想法了吗？

李氏家族的子女拿着父亲的遗产开始各自创造自己的事业，一个本来就矛盾重重的大家族就此离散。

对于普通人来说，世间上最难以割舍的就是血亲。可是，庞大的李氏家族维系亲人之间的那点血脉在金钱和利益面前显得如此脆弱。

这就是财阀家族不得不面对的现实：一份遗嘱就让血浓于水的亲情灰飞烟灭。

李健熙与李孟熙

三星集团的重重矛盾集中在最终的遗产继承分配方面。作为大家族的儿子，有“隐居的皇太子”之称的李孟熙和真正的继承人李健熙间的斗争从未间断过。

嫡长子与贤三子

李孟熙和李健熙在李秉喆的子女中分别占了“嫡”和“贤”的优势。

最初，李秉喆想把三星集团交给嫡长子李孟熙。相比较于第三子李健熙，李孟熙在年龄资历身份上都比较适合领导三星集团。

于是，李秉喆就给了嫡长子李孟熙掌管三星集团的机会。然而，李孟熙却空占了“嫡长子”的名额。李秉喆不在三星集团的那段日子，李孟熙并没有紧紧抓住这样一个大好机会展示自己的管理才能，反而把三星集团搅得一团糟。

三星集团高层对这位“嫡长子”摇头叹息，李氏家族真的要交到他的手中吗？

李秉喆在隐退的日子里经常听到三星高层反映三星集团群龙无首的混乱状况。于是，李秉喆重出江湖，对长子李孟熙的考察就此过去。自然，李孟熙没有通过父亲的考核。李秉喆心里明白，长子李孟熙空有抱负，可在管理才能上实在太欠缺。他不能因为“嫡长子即位”的传统思想而让三星集团面临因为领导者选择错误而导致的管理危机中。

相比较嫡长子李孟熙，小儿子李健熙表现实在优异。进入三星集团管理一线的李健熙在其职位上取得了很好的业绩，力主投资半导体领域更是让大家佩服，这同当年“嫡长子”的混乱管理形成了鲜明的对比。

很多人都说，李健熙为人处世行事风格有父亲李秉喆的风范，这让李秉喆很是感到安慰。后来，在“糖精走私案”中，李健熙表现出来的长远眼光让李秉喆更是赞赏。在他的两个哥哥忙着怎样算计父亲李秉喆以取而代之的时候，李健熙表现出来的却是一心只放在三星集团的发展上的淡定，这种品行更让李秉喆赞赏。

在李秉喆看来，李健熙的确可以委以重任。

于是，李秉喆在“嫡”和“贤”之间的倾向渐渐明确。

这个时候，李秉喆为了给“贤三子”李健熙铺路，便开始有意打压“嫡长子”李孟熙。

1975 年夏天，李秉喆和“嫡长子”李孟熙之间发生了一段小故事。

当时，李秉喆问长子李孟熙在三星担任多少职位，问他能否应付得过来，并暗示他如果应付不过来可以做自己能做的事情。可是，当时，李孟熙并没有明白父亲的深意，还以为是父亲对自己的格外照顾。

过几天，李孟熙又被父亲李秉喆叫了过去。李秉喆递了一张列着李孟熙现任职务的纸给他，上面写有三星电子、第一制糖、新世界、《中央日报》等三星集团17个下属公司的副社长、专务、理事等职务，李秉喆还在这些职务下面画了线。

李秉喆指着画了线的职务问李孟熙："这个做起来是不是很困难？这个是不是应付不过来？这个好像也不是很行吧？"

李孟熙在父亲一连串的提问中醒悟过来，他知道父亲不会那么无聊地做这些无谓的事情。李孟熙明白了父亲的意思：这是让他退出三星集团吗？

在"嫡"与"贤"的斗争中，李健熙打败了占有明显优势的李孟熙，不动声色地取得了胜利。

隐居皇太子与皇位继承人

大家眼中公认的三星集团的继承人李孟熙被父亲分解权力之后，又被"发配"到了日本。

从父亲遗嘱中没有得到任何遗产的打击对李孟熙来说实在太大了！在三星继承之争问题上，李孟熙又彻底败给了李健熙。为此，李孟熙选择远离伤心之地，隐居在中国首都北京。

1994年，李健熙对三星集团结构进行调整，第一制糖公司也是现在韩国最大的食品公司CJ集团，它是从三星中独立出来。随后，李孟熙妻子用手中分到的三星财产保险公司的股份和三星集团进行了互换，让儿子李在贤接管了CJ集团，成为了CJ集团的会长。

作为李在贤的父亲，李孟熙并没有对CJ集团进行插手。在继承者争夺中失败的李孟熙渐渐淡出了三星集团，也很少出现在公众媒体之上。他也因此被韩国媒体称为“隐居的皇太子”。

最初并不是储君之位最合适人选的李健熙到最后却成了“皇位”真正的继承人。登上三星会长之位的李健熙大展宏图，带领三星集团开疆辟土，取得了一个又一个辉煌的成绩。实在很难想象，面对三弟李健熙现在的成就以及三星集团现在的辉煌，“隐居的皇太子”李孟熙会作何感想。

“隐居的皇太子”和“皇位继承人”之间的今昔对比形成了莫大的讽刺。

李健熙和李孟熙之间的战争似乎在李健熙坐上三星集团会长之位的时候就应该落下帷幕。可是，这场没有硝烟的战争真的结束了吗？

家族遗产之争

2012 年 2 月 15 日，三星会长李健熙再一次陷入官司。可这次的官司无关商业，是血亲之间的遗产之争。李健熙没有想到，自己同大哥李孟熙本该结束的矛盾会一直持续到现在。三星集团李氏家族的遗产之争走上法庭。

家族矛盾的公开化

一向行事低调不喜欢公布自己隐私的李健熙在 2012 年 2 月 15 日，遭到了来自大哥李孟熙的起诉。

对于大哥的这一举动，李健熙多少有点意外。他与大哥李孟熙的矛盾由来已久。自从他接任三星会长之位后，李孟熙就对父亲的决策心存芥蒂，在遗产分配问题上更是深觉不公。可是李健熙没有想到，从 1987 年到 2012 年，已时隔多年，原本已经解决的遗产问题却会再次爆发。

2012 年，李孟熙向法院提出遗产诉讼。其诉讼的理由是：三星会长李健熙将父亲生前部分以他人名义购买的信托产品，在未通知其他继承人的情况下据为已有。这部分被李健熙侵吞的财产总额高达 9400 亿韩元（约合人民币 53 亿元）。

家族内部矛盾本应该在家族内部得到协商解决，但是，因为他是三星会长，李健熙家庭问题也不得不被放在公众媒体的面前。

李健熙和李孟熙的遗产争夺战引起外界一片哗然。家族矛盾的公开化让韩国人感叹，李健熙同样没有逃脱大家族的遗产之争。

李孟熙表示："三星生命的股票是父亲在生前以第三人的名义进行信托并持有的财产，李会长和爱宝乐园在没有告知名义信托事实的情况下进行了名义变更，所以他们必须还我法定继承份额。"

在李孟熙起诉李健熙之后，李健熙的姐姐李淑熙也加入了李孟熙的行列。李淑熙在媒体面前宣称，自己之所以也会加入这起对李健熙的诉讼案件中，是因为她感到三星集团对李孟熙太不公平，而且，她也要拿回属于自己的那份遗产。

李孟熙和李淑熙向法院要求从李健熙手中拿回本该属于他们的 20% 和 5% 的股权，而遗产的诉讼金额被提到 40849 亿韩元（约合人民币 232 亿元），涉及三星爱宝乐园、三星电子和三星生命等公司的股票以及部分股票出售所得的利润分红。

232 亿元人民币！这对普通人来说简直是一个天文数字，而李健熙这起巨额的家族遗产之争也被认为是韩国历史上最大的遗产争夺案。

当被媒体问及遗产事件的起诉时，李孟熙表示说："是李健熙的贪婪导致了我们的起诉。"

对于哥哥姐姐对他的遗产起诉案，李健熙也表现得立场鲜明，他面对媒体说："我不会给大哥李孟熙一分钱！"

李健熙的理由很充分，他认为继承权问题在父亲临终前就已经得到了解决，现在不存在他侵吞财产的事实。而且，一反往日，李健熙对媒体表示，大哥李孟熙早已被逐出家门，而姐姐李淑熙因为同 LG 家族的婚事已变成一个怨妇。

李淑熙说："随着诉讼的展开，相信李氏家族内部的诸多黑幕将会逐渐地摊开在世人面前。"

李健熙坚决的态度和李淑熙的这句话，让韩国民众对这个大家族矛盾的和平解决丝毫不看好。

关于李氏家族的遗产争夺案，韩国首尔企业咨询公司分公司会长托马斯·科伊纳说，所有这些财阀家族都尽可能地保护自己的隐私，这种公开指名道姓的论证令人侧目。如此看来，这个家族的内部矛盾已经到了水火不容的地步。

李健熙的长姐李仁熙也对媒体说："弟妹们争夺父亲遗产让人很羞愧。"

白发兄弟对簿公堂

一直以来，商场是李健熙的战场。他没有想到，有朝一日他会与自己的亲人开战。

在李健熙看来，他同年长自己很多的哥哥姐姐接触得不是很多，彼此之间的感情不是很亲密，尤其是在他接管三星集团之后，繁忙的工作让他无暇顾及家族，同兄弟姐妹之间的感情更是寡淡。可是，他没有想到，已经成为老人的亲人之间在晚年还会有遗产方面的争议。

亲人撕破脸皮、对簿公堂，这让李健熙有些不忍。毕竟哥哥和姐姐已年逾古稀。

可是，李健熙明白，这场亲人之间的战争是无法避免的，他也对媒体表示不会有任何妥协。

这场遗产争夺案的焦点是其他继承人在多年之后能否再次获得继承权。

韩国法律在对遗产问题的再次继承方面主张必须要满足两个条件：侵害继承权的行为必须发生在10年以内，被侵害人知道该事实要在3年内。

对此，双方持相左的看法。

李孟熙在诉讼中说："2011年6月，李健熙方面邮寄过来'继承财产分割相关文件'等材料，要求声明父亲去世时财产已经分割完毕，这时我才知道有其他财产的存在。"他的律师表示，李健熙将三星生命的股份转移到自己名下是在2008年12月，李孟熙也是在去年才知道这件事，所以以上两个条件都满足。

可李健熙并不这样认为，他觉得父亲去世时已经将遗产问题交代清楚，现在不存在任何问题。就算他存在侵害继承权的问题，但这侵权行为是在1987年，哥哥李孟熙是在2008年"特检"调查三星集团秘密资金的时候才知道，分别已经过了法律规定的10年和3年的期限。

2013年2月1日，韩国首尔中央法院对这起韩国备受全国民众关注的三星集团李氏家族遗产争夺案进行判决。法院认为，李孟熙申诉内容的部分财产无法认定为李秉喆留下的"遗产"，而被认定为可能是遗产的部分申诉内容已经超过了10年的诉讼有效期，当属无效，三星集团会长李健熙胜诉。

这个结果让韩国民众松了口气。虽然他们对这种家族遗产争夺事件扼腕叹息，但是，当这种事情发生在李健熙身上时，他们还是会愿意看到李健熙的胜利。

可是，对于这个结果，李孟熙很不服。当然，在官司上谁都不希望自己会是败诉的那一方。

他和李淑熙觉得自己有充分的理由可以赢得财产，法院的这种判决让他们深觉不公。难道是因为李健熙是三星的会长？

2014 年 2 月 6 日，李孟熙和李淑熙上诉。首尔高等法院对此做出二次判决，驳回了李孟熙的上诉请求，继续维持一审判决。

草草收兵

李孟熙和李淑熙的诉求在遗产争夺案中一审二审都以失败告终，李健熙又在这场案件中表现出坚决的态度，这让韩国民众对持续了两年的遗产争夺案件仍持观望态度。大家都在猜想李孟熙和李淑熙会不会再次上诉。

2014 年 2 月 26 日，李孟熙放弃向韩国大法院上诉。这起牵扯巨额资金的财产争夺案以原告的放弃而尘埃落定。

李孟熙向媒体表示，他之所以放弃继续上诉是因为考虑到亲人之间的关系，在参考了其他亲友的意见之后做出决定。同时，他也为因为这场遗产风波带给韩国民众的影响表示抱歉。

是不是真的如李孟熙所言他想回归亲情而不想同根相煎？

也有媒体说，在遗产案二审的时候，李孟熙已经表示想要通过调解双方达成和解，却遭到李健熙的强烈拒绝。李健熙要求李孟熙彻底放弃诉讼才能和解，迫使了李孟熙最终做出放弃再次上诉的决定。

更有人说，李孟熙放弃上诉是考虑到高额的诉讼费用。在这场案件中，自己显然处在劣势地位，胜诉的希望渺茫，别到最后遗产没拿到还赔上了大笔资金，这实在不是一笔划算的买卖！

无论李孟熙放弃上诉的理由是什么，都不影响李健熙以胜利者的姿态站在韩国民众面前。在这场案件中，处于强势地位的李健熙对哥哥姐姐表现出来的坚决态度让人觉得有些绝情，似乎他有些太不考虑骨肉之情了！

可在李健熙看来，他的做法是出于对三星集团的大局考虑。

如果李孟熙胜诉了，李健熙就要按照他的要求归还遗产。不说资金，就是李孟熙要求的三星集团部分股票，其中的三星人寿是三星电子除了自己之外最大的股东。也就说，只要是控制了三星人寿，就可以间接控制亚洲最大的消费电子制造商。

韩国甲南大学的高龙秀教授对三星集团李氏家族的这场遗产争夺案评价说："李孟熙等人请求恢复继承'三星生命'及三星电子股票的原因，不仅仅在于这些是最赚钱的股票。李健熙一脉之所以能够主宰整个三星集团，持有这些三星集团主要企业的股票乃是最重要的关键。因此，李健熙是不会轻易让步的。"

如果遂了李孟熙的要求，这将会给稳固的三星集团带来很大的冲击，李健熙一手创建的三星王国可能就会保不住，他在三星集团的位置也可能保不住。在这种考虑之下李健熙不得不这样做。

对于李孟熙的最终选择，李健熙表示，李孟熙的最终放弃使得案件宣告结束，这是最好不过的结局。他还通过媒体向韩国民众道歉，遗产之争带给韩国很大的影响，今后他将致力于维持家庭和睦。

韩国历史上最大的遗产争夺案就此收场，李健熙和李孟熙的斗争也算告一段落。但是，这场输赢已定的官司让本已破裂的兄弟之情似乎再也没有了和好的可能。

虽然，三星集团取得的成就不少，但同大多数亚洲家族企业一样，难逃家族斗争。中国企业应引以为鉴——接班人选拔要公开透明公平，鼓励良性竞争，对其他家族成员遗产的继承也应合理安排，以免为日后遗产分配埋下隐患。

Chapter 7

争议人生

成也集权，败也集权

SAMSUNG

在研究李健熙管理三星之道时，他对三星的集权制管理是必谈不可的话题。李健熙在三星的集权符合三星的具体情况，也带给了三星高效运作的机制，并取得了斐然的成就。然而，所谓“成也萧何，败也萧何”，李健熙是“成也集权，败也集权”。他在领导、管理上出现的问题同他信奉的集权领导也脱不了干系。

曾被评为“失败的管理者”

李健熙受到来自世人的众多赞誉。然而，他也曾被扣上“失败的管理者”的帽子。当时的他商业投资失败，导致三星面临困境。对于企业家来说，投资是非常关键的一步。成功了，意想不到的荣誉纷至沓来；失败，可能就一败涂地。对于李健熙这样的强人，人们只能接受他的成功，无法容忍他的失败。

李健熙守护了三星集团将近 27 年。纵观他的管理之策，有成功的一面，也有失败的一面。

据调查，在韩国，三星集团是年轻的求职者最想进入的企业，能够成为三星员工更是很多人的梦想。

然而，三星集团的员工在享受着来自韩国其他企业员工的羡慕的同时，他们也要对李健熙集权保持绝对服从。

对于三星员工来说，他们对于李健熙的命令不能有任何反对意见，只能绝对服从。李健熙的命令对三星员工来说是一颗炸弹，只要他说出去了，不去执行，炸弹定然会让你为此付出代价。三星的秘书室长李株彬因为一句话而被辞退的例子就是铁证。

人都是有思想的动物，每个人看问题的方式不同，处理问题的方法也会有所不同。我们都有这种感受：即使表面上说赞同一个观点，内心真实的想法却可能会背道而驰。

对于三星员工来说就是这样。

三星内部的集权制管理，给人造成的束缚感非常强烈。对于处在现代民主社会的职业人士来说，这种官僚式的集权制管理太过于压抑人性，让他们有些难以接受。可是，在三星，又必须接受。

当年，李健熙推行“7－4制”改革时，虽然最后大家都默认了这种制度，也从这种制度中感受到了一定的好处。但是，仍有许多人对李健熙的这种制度埋怨纷纷，抱怨他在忽视员工的具体情况执意推行，缺乏领导者对员工应有的人文关怀。

对于李健熙在创造价值中心对研究团队实行的强压式管理，三星集团的员工更是发出不少抗议的声音。不研究出成果就不能回家！李健熙这种对技术孜孜以求的态度值得企业家们学习。但是，这种强压式的工作存在太多的强迫性。有时候，研究人员在里面实在研究不出个所以然来，那这个时候，也许需要的不是催促，而是适时的放松。因此，有些员工认为这种工作方式实在太过变态。

李健熙这种官僚式的集权管理，很容易会在决策上导致一意孤行，让大家对他的管理存有怨言。但是，李健熙是幸运的，即使他一意孤行，也总能想到办法弥补。到最后，人们在抱怨他出现失误的同时，依旧会对他赞赏有加。

2007年，三星集团电子芯片工厂出现员工罹患血癌事件。据调查，罹患血癌的员工有150多名。这些员工长期在强辐射的工厂中工作，身体健康条件极差，加之李健熙在三星集团实行军事化的组织管理，更加不利于员工的身体健康。事件被披露后，三星集团一直未曾对此事做出明确的答复。直至2014年，三星集团的权武玄向受害者家属道歉。这次道歉是七年来三星集团为此事做出的首次道歉。

作为一个走国际化道路的大企业，员工是其基础。三星集团在发生这种事情的时候没有及时处理，拖了七年之久才对此事做出反应。亡羊补牢，为时已晚。如果在出现事故后，三星集团就对此事做出处理，改进工厂的工作环境，或许，也就不会有那么多三星员工的健康得不到保证了，更不会有那么多的家庭承受失去亲人的痛苦了。

这不得不说是一个大企业的悲哀，是李健熙管理上的失败。一直以来，李健熙都在实行"以人为本"、"人才第一"，难道在他看来，只有拥有尖端技术的员工才是人才吗？

作为一个企业家，李健熙是成功的；作为一个领导者，投资失败、过分强权、对普通员工的不够重视，都让他的成功饱受争议。

可是，三星集团和韩国民众依然选择原谅他。再好的一个人，都会有人说不好；再差的一个人都会有人说好，何况对于李健熙这样伟大的人物呢？

充斥着诡诈与腐败的统治

李健熙在三星集团实行的集权统治，在保证强执行力度、高效率的同时，让三星集团的统治也面临诸多问题。有人说，李健熙是一个大阴谋家。在他的阴谋统治中，三星集团充斥着诡诈与腐败。

文化传统带来的弊端

中国博大精深的儒家文化对韩国和日本的政治经济影响很大。细细研究李健熙管理三星集团的特点，我们不难发现，李健熙将儒家的文化精髓渗透在企业管理中。

在李健熙小的时候，李秉喆就给他讲授儒家文化。可以说，儒家思想从小就渗透在李健熙的头脑中。

中国的儒家文化是封建社会的正统文化，它维系着封建社会的发展。儒家文化讲求“君君，臣臣，父父，子子”，等级森严，不得逾越。韩国的财阀集团在这种文化的影响下采取一种官僚式的集权制管理，而李健熙将这种管理思路在三星集团运用得淋漓尽致。三星集团的层层机构都是构成李健熙权力的金字塔，他立于金字塔的最顶端，任谁都无法超越。

儒家文化讲究“和”，主张人本主义的思想。于是，这种思想便催生出了所谓的人情社会。我国人情社会现象很严重，什么时候都讲究个人情，卖个人情。同样，和中国一衣带水的韩国社会也讲究人情，作为深受儒家思想影响的李健熙管理三星集团也讲究人情。于是，各种人情网络在三星内部纵横，资深员工之间的人际关系更是错综复杂。人情社会笼罩之下的三星集团利益关系复杂，人员关系复杂，这给李健熙管理上带来种种麻烦。

李健熙本人在儒家人情社会的影响下，需要为三星集团的发展寻求有力的保障，开辟更为快捷的发展道路。

诡诈与腐败并存的阴谋之路

李健熙是一个有野心的企业家，正是他有一颗不断跳动的“野心”，才有三星现在的辉煌。从与李健熙有关的种种丑闻事件中，我们发现，这样一个伟大企业家的背后也充斥着种种阴谋。

认真思考李健熙对三星的统治之路，我们在看到辉煌未来的同时，也会发现在这条道路上的污浊。

作为家族企业，李健熙需要协调好家族和企业之间的关系。虽说是家族企业，可是偌大的三星集团并不是说李氏家族完全控股，这是不可能也不实际的事情。三星集团拥有的大大小小的股东，真正要算起李氏家族在三星的股份，其实很少。他之所以会对三星集团掌控得如此之好，一切均来自于他的集权制管理。

然而，李健熙在为三星集团考虑的同时，也要为李氏家族考虑。毕竟，他要保证三星集团始终是李家的江山。1997 年，李健熙趁着亚洲金融危机之便，发行低于市场一半价格的债券，将其转移给儿子李在镕，以保证李在镕的继承者之位。李健熙的这一做法损害了三星集团其他股东的利益，也给三星集团带来了巨大的损失。

为了让三星集团在发展中少些“不必要”的困难和麻烦，李健熙使出了他的“经营哲学”——人情牌。秘密资金也算是韩国大企业的一个通病。作为韩国最大集团的领导者，李健熙也不能幸免。为了打好三星的人情牌，李健熙偷偷地在三星内部利用三星众多的子公司准备巨额秘密资金。问起这笔秘密资金的用处，李健熙将它花在了重要的地方：买通韩国政府官员，为自己及三星创造便利。1996 年，李健熙政治献金以扶植为三星集团服务的政府。2008 年，行贿和背信丑闻暴露，业内对此议论纷纷。一直以来，李健熙都是以一个光辉的形象出现在世人的面前，韩国民众万万没有想到英雄李健熙会用这种卑劣的手段为李氏家族谋求私利，辜负了三星和韩国民众对他的信赖。

欺诈、贪污、行贿……在三星集团成为世界一流企业后，三星集团的这位伟大会长的种种腐败事件也成为韩国民众茶余饭后的谈资。

欲壑难填，人的各种欲望很难满足。当我们越爬越高，我们会有更大的野心和欲望。

商场同宦海一样，表面看起来一派美好景象，实际上却暗流涌动。

接班人李在镕引发的争议

2014 年，三星会长李健熙病重。三星集团的“皇储”李在镕被推到三星舞台的前台。

相比较父亲李秉喆，李健熙是幸运的。因为就只有一个儿子，他不用面临父亲的那些选择难题。一直以来，李在镕都被外界看作是李健熙的接班人。事实也是如此。虽然没有了儿子之间互相争夺继位权的残酷现实，接班人李在镕的接任工作也不是一帆风顺的，围绕他的争议始终不断。

为儿子铺路

李健熙有一个儿子和三个女儿。毫无疑问，李健熙的长子李在镕是情理中的三星集团的家族继承人。

同父亲李秉喆的选择一样，李健熙将年幼的李在镕独自送往日本和美国留学。虽然，李健熙深知那种独在异乡的痛苦，可他依然这样选择。因为，那段岁月会成就儿子李在镕，成为他的一笔财富。

“养儿方知父母恩”，李健熙也是在这个时候才知道父亲当年那样做的苦心。

2000 年，李在镕结束了自己的留学生涯，回到韩国。2001 年，李在镕担任三星电子常务助理，随后又任经营企划组主任。

2010 年，李健熙任命李在镕为三星电子会长。至此，李在镕顺利地成为了全球最大的芯片、电视和平板显示器厂商的首席执行官。

2012 年，李健熙表示三星集团要有“年轻的领导力”，推行“年轻的组织论”。外界猜测，这位会长要退位让贤，给年轻人施展的机会了吗？

2012 年，在众人的猜测中，李健熙任命李在镕为三星集团的副会长。李健熙的这次任命，间接敲定了三星集团的下一届领导人。

李健熙对儿子的接任之路煞费苦心。

战略调整本部在很早以前就启动了三星集团继承人接班计划，以顺利帮助李在镕继位。

2012 年 6 月，李健熙将原三星电子副会长崔志成任命为三星集团二把手——未来战略室长。这看起来只是一次人事方面的调动，实际上并不如此简单。李健熙是在有意为儿子铺路。之所以选择崔志成，是希望他能帮助李在镕顺利接手三星集团。

作为李健熙唯一的儿子，李在镕身上肩负着重任。

离婚事件

作为三星集团的“皇储”，李在镕可谓是衔着金钥匙出生的。然而，他的成长道路并不像他的出身那么美好。他有过挫折，也有过丑闻。

2000 年，李在镕深造之后回国。作为李健熙的儿子，李在镕同父亲一样，在商业上有自己的抱负。

刚回到韩国不久，李在镕就迫不及待地要发展自己的事业。在三个月的时间里，他创立了 14 家互联网公司，准备在自己创立的公司里做出成绩，让整个韩国看到他的能力，这样，他就不用待在父亲李健熙的光环之下了。然而，李在镕没有得到上天的眷顾。当时，高涨的风险投资失败，李在镕的互联网公司出现危机。最后，无奈之下只得由三星集团旗下的几家公司购买李在镕持有的股份，这才没有造成他的巨大损失。

创业失败，最后还得由自己的父亲来收拾烂摊子，业界对这位三星继承人议论纷纷。这对李在镕打击很大。

后来，李在镕被父亲安排到三星集团，在父亲的手底下好好学习。

2008 年，李健熙的丑闻事件也将儿子李在镕拉了下来。李在镕同父亲李健熙一同辞职，到海外办事处工作。

一波未平一波又起。2009 年，李在镕又陷入离婚的官司。

李在镕同妻子林世玲是商业联姻。林世玲是大象集团会长林昌旭的长女，三星和大象集团的联姻一度成为商业界关注的焦点。

然而，这桩商业联姻在维系 11 年之后破裂。妻子林世玲向法院提出离婚，并要求财产分割，两个孩子的抚养费和应分得的财产资金规模达到数千亿韩元。

外界称这将会成为韩国最大的财产诉讼案件。

一时间，媒体关注的焦点对准了李在镕的私生活，人们纷纷猜想离婚背后是不是牵扯着更大的内幕？

对于三星继承人李在镕的离婚风波，三星表示：“李在镕的离婚是个人隐私问题，具体内幕不清楚，公司也不干预。”

任何人的成长都是不易的。并不是说，身处豪门人生就一定会畅通无阻，也许，豪门的困难更让人难以承受。

富三代的争议

李健熙为了确保独子李在镕成为继承人，人前人后做了很多的布局。

2012 年，李在镕稳坐了三星“皇太子”的椅子。可是，自从他真正成为继承人之后，业界对他的争论就没有停止过。

我们都知道“富不过三代”这句老话，而李在镕正好是三星集团的第三代。和当年父亲李健熙受到的质疑一样，李在镕也在受到业界的质疑，人们都在讨论，作为第三代的他能否接下父亲的重任?

有人说，李在镕一直都是在父亲李健熙的保护之下成长的。他初接触商界，就出现大的失误，让很多人并不看好他的能力。还有人认为，作为温室花朵的李在镕似乎没有父亲的领导风范和商业眼光。在他手中，三星集团恐怕很难有李健熙那样的辉煌成绩。

三星集团的一位高层领导人说：“李在镕是衔着金钥匙出生的。由于经验上的不足，他能否成功接管三星集团很难说。”

但是，三星集团高管中也有人对李在镕持肯定的态度：“李在镕在日、美都深造过，在会长的影响下，他很早就接受了相关的管理教育，他的观察力很强，还很睿智。能力和性格上的表现都很突出。”甚至还有人预测李在镕日后会成为一名成功的商人。

尽管外界对李在镕的评价不一，他是否能成为像父亲李健熙一样成功的商人，我们现在也不知道。但是，我们知道，作为接班人的李在镕面临着种种的挑战，能否应对这些挑战才是关键。

现在的三星集团处在关键时期：韩国政府对财阀的政策，三星集团业务的膨胀，三星电子2014年业绩出现下滑，包括如何走出父亲的影响，走出自己的道路……这些问题都摆在了李在镕的面前。

成为三星集团的继承人对李在镕来说是一件值得高兴和期待的事情，然而，如何消除争议，证明自己的实力，也是他该认真思考、努力去做的事情。

无工会主义

三星的两任会长在管理三星时都坚持“无工会主义”。在他们看来，三星不需要工会。尽管，李氏家族遗传下来的“无工会主义”导致了三星劳资关系的紧张，但是，李氏家族的坚持，让无工会的三星集团获得了双赢。

不需要工会组织

在现代社会中，工会的存在是一个极为常见的现象。它是协调老板和员工之间关系的一个组织。可是，这个组织中的成员主要是员工，可想而知，它是站在员工的立场上对其利益进行维护的。

无论是资本主义社会还是社会主义社会，都存在有工会。尤其是在大企业中，工会的协调作用变得必不可少。

可是，在三星集团这样的大企业中却不存在工会这一组织，反对工会组织的建立倒成了三星集团的企业“传统”。

三星集团的这一情况让人觉得有些奇怪。

三星集团的工会问题在李秉喆时期就引起了广泛争议。

李秉喆从创立三星集团开始，就在公司明确地表示过，不允许三星内部组织工会。

他的这一态度让三星的员工很不满。在工人看来，这将意味着他们的权利很难得到保证。马克思在《资本论》中就说过工会的重要性。在资本主义的企业中，工人没有工会组织是一件让工人极其绝望的事情。

虽然现在是21世纪，社会在进步，工人的权利也得到法律的保护，但是，在三星员工看来，三星的工会不能少。

可是，李秉喆的坚决反对，让工会的建立一直没能满足三星员工的心愿。

外界对此表示议论，是不是三星集团有什么剥削工人的内幕？

李秉喆为了消除外界的疑虑，对外界宣称自己不主张集团内部成立工会的原因。李秉喆说："三星集团是家族企业，所有的员工都是雇员，根本就没有成立工会的必要。"

在李秉喆看来，雇员制的企业中都有合同的保证，实在没有必要设立个工会组织来影响集团的运作。

然而，李秉喆给出的这个理由并不让大家信服。三星的工会问题引发的矛盾就此出现。

1987年，当媒体问新任第二任会长李健熙在掌管三星集团以后，是否会解决三星的工会问题时，李健熙说："对于这个问题，前会长已经表示得很清楚。三星集团不认定的并不是工会本身，而是工会存在的必要性。或者说，三星的经营中不需要工会组织。1938年，三星建立以来，我们凭借着坚定的经营理念在这块贫瘠的土地上白手起家。在我的经营哲学中，劳资关系最好的解决办法是融洽地协商解决，这样就不需要工会这个组织。我相信，三星集团的劳资关系将是和谐融洽的。”

李健熙反对工会组织的建立和父亲李秉喆的坚决态度保持一致。

只不过，让人难以理解的是，李健熙为了阻止工会的成立，不惜动用巨额金钱和武力。为此，三星集团的员工举行了多次罢工活动，反对李健熙的这种做法。可是，即使是罢工依然威胁不到李健熙。

无工会带来的胜利

三星没有工会的事情让外界猜测纷纷。

有人认为，这就是李氏家族的狡诈之处。资本家就是如此残忍，为了榨取员工最大的剩余价值，可以采取任何手段。

有些人说，“无工会主义”将会使得三星的劳资关系更加紧张，这是李氏家族管理上的失败。

然而，李健熙并没有让这种情况发生。

正如他所言，他要给三星创造和谐的劳资关系。

为此，李健熙给三星集团的员工提供更好的待遇。从薪资、职位、培训，到员工的家庭等方面均给予关心。多种福利政策的实施，使三星员工感觉到了工会存在的不必要性。

李健熙的这种方法，让三星员工得到了温暖：他们并没有受到资本家的剥削，外界所期待的三星劳资关系的紧张局面并没有出现。

三星员工投身工作之中的热情大增，心甘情愿地为三星集团的发展贡献自己的力量。

其实，从李健熙领导三星开始，他就一直反对集团内部存在的所谓的组织。在他看来，这样很不利于三星集团机制的高效运作，还可能会有集权腐败的现象出现。

李健熙的担心并不是没有道理。

在早期韩国，工会确实是一个为工人说话的组织，当工人在工资、福利待遇和劳动条件上得不到应有的保障时，工会就会在中间起到一个很好的调节作用。

有人认为，三星集团能成为“管理的三星”，集团没有工会是其中很大的原因。

可是，综观现在的韩国工会，它由一个调节管理者和被管理者中间的关系组织演变成了一个管理者。工会容易被人利用，成为集权组织，可能会出现腐败现象。

李健熙的“无工会主义”让三星集团在员工和领导者之间取得了共同的胜利。员工在利益得到保障的情况下会全心全意服从管理，为三星服务。

都是这样了，三星集团也就不需要名存实亡的工会组织来对其管理横插一手了。

三星集团在没有工会的情况下，取得了劳资关系上的双赢，也给其他企业一个很好的启示：劳资关系真正的协调者不是工会，而是企业好的管理方法——重视员工的力量，给予员工最好的待遇。

矛盾综合体

一直以来，李健熙都是韩国人民眼中一个不可复制的神话。然而，这样一个神人，却多次陷入丑闻事件中。就连家族矛盾也变成了丑闻事件。纵观李健熙一生，我们看到的不单单只是辉煌。这样一个人物，是国民英雄还是阴谋家？他的一生有着怎样的矛盾？

商业化道路和政商抱合

李健熙是一位卓越的商人。商人家庭出身的他，从小就接触商业方面的东西，不同于半路出家的企业家，李健熙是纯正的企业家。他的学习教育都是围绕着商业展开的，他一出生就被李秉喆安排好了人生道路。

作为企业家，李健熙极富商业头脑，商业眼光也不同于常人，敏锐的观察力和做事的决断性让他在商业道路上获得了成功。三星集团的成功让世界上的众多企业嫉妒不已，李健熙在商业化进程中表现出卓越的才能从而成为众多企业家模仿的对象。各种解密三星和李健熙成功之道的商业用书横空出世，成为众多渴望获得成功的小企业的商业宝典。

在韩国那种特殊的体制之下，李健熙还不得不面对“政商抱合”的社会大背景。

《华尔街日报》援引首尔国立大学社会学家 Yee Jae-yeol 所说的：“回顾三星集团起飞时的体制不难发现，当时政府具有高度的影响力，而且对于企业而言有许多障碍必须要去克服。在这种情况下，三星必须要依靠自己的暗箱操作技巧，比如建立行贿基金，结交监管人员等，但是那个时代已经过去了。”

这位社会学家对三星集团和李健熙分析得很对，也正如他所言，随着韩国社会政治经济的发展，政商之间的暧昧关系会渐渐被挑破。进入 21 世纪以来，李健熙在这方面所暴露出来的丑闻不少，件件都震惊人心。他自己也深陷丑闻泥潭，虽然最后安然无恙，但在人们眼中昔日崇拜的英雄到底是不一样了。

难道，真如这位社会学家所言，韩国的那个时代已经过去了吗?

严苛反腐败和积极的行贿

关于企业的腐败问题，李秉喆对此就高度关注过。李秉喆曾经强调：“我们会原谅一向工作优秀偶尔失误的情况，但不会容忍因自己的私欲而贪污、做虚假报告或是采取不诚实的态度对待业务的情况。容忍这样的事情不但会给个人，还会给企业和整个国家抹黑。”

对于父亲的这种经营哲学，李健熙熟记于心。对企业内部出现的腐败问题，李健熙更是严惩不贷。

2011 年，三星集团旗下军工子公司 Techwin 发生职员腐败现象。

知道此事的李健熙大怒。

在社长团会议上，李健熙就三星 Techwin 职员腐败问题表态说："三星曾经为之自豪的纯洁的组织文化被玷污了，要连根拔除营私舞弊的现象。"

李健熙就此事还说："国外有不少曾经辉煌一时的公司因组织懈怠和贪污腐败导致公司停滞不前的事例。三星也不例外。哪怕监管得再好，如果不好好地进行处罚也是不行的。"

对于三星内部的腐败问题，李健熙的处理方法一直很严苛。在他看来，再小的腐败问题都可能导致大问题的发生。李健熙认为，近十年来，韩国发展迅速，企业贪图安逸，而任何安逸的行为都有可能导致腐败问题的出现。李健熙对三星的现状表示很忧虑，不过，他会及时发现问题，积极应对。

为此，三星未来战略室经营诊断组对 Techwin 进行了为期三个月的高强度经营诊断。诊断结果表明：三星 Techwin 职员在腐败上面并没有什么大问题。

而作为三星 Techwin 首席执行官的吴昌锡社长表示对此事负责，并向公司提出了辞呈。

李健熙对于三星的这起腐败事件严厉整治，三星的员工觉得会长的处理方法过于严苛了点。

有人猜测李健熙这样做是想借此机会杀一儆百，给三星员工敲响警钟，把腐败问题扼杀在摇篮里。

然而，李健熙在三星内部将反腐败问题当作一种企业文化严厉禁止的同时，他本人在这方面似乎并没有身先士卒。

李健熙因为腐败问题两次深陷丑闻。

李健熙自上任以来对三星集团内部的腐败问题的严苛和他自身的贪污、受贿行为相互矛盾。

有人说，大企业对内部的作风问题严抓严打有利于企业的良性发展，而李健熙个人的腐败问题，有时也是出于对整个集团的考虑不得以而为之。

可是，作为领导者，如果不能以身作则自然就难以服众。

国民英雄和社会公敌

对于三星集团，韩国民众心里很是矛盾。

这个大企业给韩国经济做出了重大的贡献，其在全球范围辐射范围之广更让韩国民众为之骄傲。然而，在韩国民众看来，三星集团在韩国的影响太大，垄断了国内市场。在给国民经济做出重大贡献的同时，也不利于市场竞争。更有人认为，三星集团之所以能在 1997 年亚洲金融危机中安然渡过是受到了政府的特别照顾。从这一方面来说，三星集团还欠韩国社会一大笔债。

对于李健熙个人，韩国民众更是矛盾。

他对韩国有巨大贡献，让韩国民众把他当成国民英雄，当神一样追捧。同时，人们又对他的种种行为进行深刻的批判。

2005 年 5 月，韩国发生了“高丽大学事件”，事件的矛头就指向三星集团会长李健熙。当时，李健熙正要接受高丽大学授予的“名誉哲学博士”学位时，高丽大学 100 多名学生在李健熙捐款修建的“高丽大学纪念馆”下面举行游行示威，示威条幅上面写着触目惊心的大字：“谴责学校当局，谴责贩卖博士学位”、“三星会长不具备博士资格”。学校老师劝说学生解散，可是无济于事。学生的游行活动持续了两个多小时。可是，就算是天塌下来，三星集团会长的授予学位仪式也要顺利完成！最后，高丽大学的校长将仪式放在他的办公室内举行。外面是学生的呐喊声，屋内是为三星集团会长如期举行的博士学位授予仪式。

面对这种场景，李健熙当时也很意外。他没想到会有学生来反对，这和他在韩国处处受到的掌声和欢呼声完全不同。可是，对于没有任何博士学位的他来说，这毕竟是一个特殊的时刻。尽管，他根本没有到这里来听过一次课。

后来发生的事情更让人难以接受。因为高丽大学的这起事件，包括副校长在内的10多名老师因为“没能制止学生的行为”被迫辞职。就连高丽大学的校长也亲自给李健熙交了一封写着“向李健熙会长和家人致以最诚挚的歉意”的正式道歉书。校方的这种行为引起外界一片哗然。

我们会想，大学生为何要反对给他授予学位？大学校长为何要如此谦卑地向企业家李健熙道歉？

事情的原因正是高丽大学的纪念馆。因为那是李健熙捐款400亿韩元修建的，也仅仅是因为此事，高丽大学要向没在这里学习过一天的李健熙颁发博士学位证书。

对于这件事情外界反应很大，对李健熙造成的影响也很大，有人说，李健熙是在“用金钱污染教育”。虽然，给李健熙颁发学位证书是高丽大学校方的意思，可是，这种方式不免存在“买卖学位”的嫌疑。如果可以这样“交易”，是不是韩国的富豪们都可以拿出自己财产的一部分给学校捐献点什么，这样就可以像学校里那些寒窗苦读的学子那样获得高学历的证书呢？

在韩国社会，文凭很重要。为此，政届、商界、教育界假学历事件横行。虽然，李健熙的博士学位是学校亲自颁发的，但是，这和用钱买学历有什么区别呢？韩国有名的经济大佬都这样，韩国民众该如何想？也难怪会有人强烈反对了。教授被辞退，校长谦卑地写道歉信，这些又说明什么呢？是教育在向财阀低头吗？

同时，李健熙个人名望凌驾于韩国政府的高调态度也使他成为“社会公敌”。

加之行贿、贪污、背信、遗产争夺等丑闻事件，也让李健熙在公众心目中的“英雄形象”蒙上了一层阴影。

是“国民英雄”还是“社会公敌”？是爱还是恨？这让韩国民众很是矛盾。

尽管如此，当这位让韩国民众既爱又恨的重要人物生病后，韩国民众还是在内心期盼着他早日康复。因为，对于三星、韩国，他都不可或缺。

正如李健熙所言，为了三星他可抛弃一切：生命、财产、名誉。

李健熙的时代即将过去，关于这位商业奇才的人生，对也好，错也罢，所有功过是非都留给后人去评说吧！